少数言語としての手話

斉藤くるみ──［著］

東京大学出版会

Sign Language as a Minority Language
Kurumi SAITO
University of Tokyo Press, 2007
ISBN 978-4-13-083047-8

はじめに

　手話について学生や市民を対象に講義をすることがある．講義の感想はたいてい「とても新鮮だった」とか「手話のイメージがすっかり変わった」とか「驚いた」というものである．

　手話は音声言語を理解・生産するのと同じ脳神経で理解・生産される．
　アメリカの手話とイギリスの手話は通じない．
　手話には音声言語と同じように最小の単位があり，それを組み合わせる規則（文法）がある．
　それぞれの手話の中に方言がある．
　手話の詩がある．
　手話で能を演じるろう者がいる．
　ろう学校で手話は禁止されてきた．
　多くの国で手話はその国の言語の一つであると法律で定められている．
　自分の子どももろう者であることを望むろう者は多い．
　人は音声を使うことができなければ自然に手話を生み出す．
　ろう者が視覚も失うと触手話が生まれる．

このような話をすると受講者はびっくりする．ほとんどの人は手話が言語であるということの証拠を見ると驚き，また手話を母語とし，「ろう文化」を形成し，それに誇りをもつ人々が存在することを知って驚くのである．つまり多くの人々は手話を言語であると認識していないし，またろう文化の存在を知らないのである．なぜか．それはろう者がマイノリティーであり，手話は少数言語だからである．

　ほとんどの人はろう者の家族や知り合いを持たない．耳の聞こえない人との接触があったとしても（耳の聞こえない家族がいたとしても），その聞こえない人がろう文化を持たないことも少なくない．そうすると，ろう者

i

というのは聴者（聞こえる人）と同じような考え方で同じような生活をしているが，音が聞こえないという「不自由」を抱えている人のことであると考えてしまうのももっともである．そのような聞こえない人をろう者と呼ぶべきではないと手話やろう文化に誇りを持つ人々は言う．つまり，自分たちのように手話を母語とする人間だけがろう者であるというのである．ところが，そのように手話をアイデンティティーとするろう者たちも，聴者と接するときは聴者の文化に合わせてくれることが多いので，聴者はろう文化の存在にますます気づかない．

少数言語者の多くは自分たちが接する多数言語を覚えざるを得ないし，マジョリティーの文化を知る機会は多い．当然影響も受けてしまう．一方，マジョリティーはマイノリティーの言語や文化を身につける必要はほとんどないし，存在を無視したり，あるいはまったく知らなくても生きて行けることが多い．手話とそれを中核とするろう文化に対する人々の認識は，少数言語とそれを使うマイノリティーに対する認識の典型的な例である．さらに，ろう者は手話という言語を持つマイノリティーであるというよりも障害者であることに注目されてしまうという特徴があり，このことは手話とろう文化の認知をいっそう困難にさせている．

少数言語は多数言語より消えてなくなる可能性が高い．手話も同じである．私たちは自分の母語が消えてなくなることには賛成できないだろう．自分たちの存在がなくなるようなものだと悲しみ，怒るに違いない．ろう者も同じである．しかし手話は少し特殊である．聞こえない人は他のマイノリティーと違って，世界中に存在する．そのため国際的レベルでのろう者のネットワークができる可能性を持つ．実際ろう者のネットワークはますます広がりつつある．世界各地のろう者が同じ手話を話すわけではないが，どの手話にも視覚言語としての共通の特徴がある．また，手話者の視覚中心の文化には共通性がある．そして接触が多ければ共通語が生まれる可能性も高くなる．つまり，ろう者はそれぞれの国・社会の中でマイノリティーであるが，世界的に見ると決してマイノリティーではないということである．また，ろう者には聞こえないという強みがある．他の少数言語者はマジョリティーの言語を学校やメディアで聞かされてしまえば，同化させられてしまう可能性も高い．しかし，ろう者は雑音に強い．

日本人は決してマイノリティーへの意識が高いとは言えない．日本は単一言語・単一民族の国だと思いこんでいる人もいる．このような日本人にとって少数言語というものを考えるときに，手話は最も身近な存在である．なぜならどの地方にも必ずろう者は存在するし，私たちの子どもが聞こえない子どもとして生まれる可能性も十分あるからである．多くの聴者が障害者としか見ていない「聞こえない人」の世界の中で生まれた生活様式や芸術が「文化」であり，そして手話が，「言語」であると感じたとき，マジョリティーの思い込みや傲慢に気づかされる．

　手話とはどんな言語なのか．音声言語とはまったく別の感覚を使った言語を持つ人々の生活は，文化は，思考は，脳は，どのようになっているのだろうか．そして社会的のみならず生理的に少数であるろう者はどのような言語・文化を生み出してきたのか．国際社会ではどういう意味をもつのか．ろう文化や手話は今後どうなっていくのか．それを本書で解き明かしたい．とりあげる手話は日本手話であるが，他国の手話についても適宜とりあげる．特にアメリカ手話は手話研究の中心であり，アメリカのろう文化は文化として確立され認知されたのが早く，世界のろう文化への影響が強いため，本書でもしばしば言及することになる．

　まず第1章では，手話が言語であることを手話の構造を紹介しながら，また手話と脳の関係を示しながら明らかにする．手話失語や，fMRI, PETを使った研究などにより手話は音声言語を生成・認知している脳神経と同じところで生成・認知されていることがわかった．そのことを手話独特の位置関係を利用した文法や，表情，視線を使った文法を紹介しながら示す．また手話で育つ子どもの言語発達についても考える．

　第2章では，ろう者の手話とマジョリティーの音声言語との関係を考える．手話を母語とするろう者は，それが他国の手話者同士であっても，音声言語の少数言語者同士に比べて連帯が強い．一方，手話はマジョリティーの文化・言語に常にさらされているため，音声言語や聴者の文化の影響も受ける．手話を禁止したり，手話を音声言語と同じ構造に変えようとする力の影響も受けてきた．また手話は親から子へと伝えられる可能性の低い言語であり，そのため音声言語との間でピジン化，クレオール化を繰り返す宿命を内在させている．

第3章では，手話のバリエーションについて論ずる．手話にも地域差，性差，世代差，人種差がある．「言語は変化する」という当然の性質を手話も見せるのであるが，これらのバリエーションを通して少数言語話者の中のサブグループが見えてくる．アメリカの黒人のろう者やゲイのろう者などはマイノリティーの中のマイノリティーである．一方，ろう者の国際的な連帯からできた国際手話も手話の変種である．さらに手話者が視覚を失ったときに生まれる触手話のようにモーダリティーを超えた変種もある．手話のバリエーションの研究は言語の歴史が分化と接触・混合の繰り返しであることを見せてくれるのである．

　このような手話の言語としての認知は，ろう者に自らの文化に対する誇りをとりもどさせ，手話語りなどの伝統のリバイバルを起こし，手話の芸術を発展させる力となった．第4章ではこのような手話の芸術を紹介する．手話が芸術を生み出すことは，手話が言語であることのもう一つの証拠である．言語は記号の規則からなり，その規則にはゆれがあり，人はあえて規則からはみだしてそのゆれを楽しむことができる．このような言語の創造性が芸術の中で活かされる．そして言語自体が芸術となることもある．手話をテーマにした絵画，手話による演劇，狂言，あるいは手話を取り入れたダンスなどは視覚言語の芸術としての新たな可能性を見せてくれている．手話詩や手話俳句は手話自体の美しさを活かした芸術である．また，ろう者と音楽が無縁でないことも脳科学から明らかになりつつある．そして手話の芸術にもやはりマジョリティーの影響があり，ろう者の芸術と聴者の芸術の融合が新たな芸術を生み出している．

　最後に手話とろう文化は，やはり少数言語・文化であり，常に存続の危機にさらされていることは見逃せない．第5章では，教育の中で手話がどう扱われてきたか，どのような役割を果たしてきたか，今後果たすのかを考える．19世紀末から20世紀半ば，教育現場は手話禁止と口話（読唇と発音を使うこと）の時代であった．しかし，現在は手話が言語であることの学問的・科学的証明により，多くの国でろう児が手話を母語とすることはろう児の人権と考えられるようになり，音声言語の読み書きと手話とのバイリンガル教育が推進されている．しかし，皮肉なことに学問・科学の進歩のために手話はあらたな危機を迎えている．それは人工内耳の出現で

ある．もしもいつの日か聞こえない人が存在しなくなったら，それでも手話は言語として残るだろうか．手話はまたしても危機的な状況にさらされている．マジョリティーである聴者には，人工内耳は聞こえないという不便から救うものという意識があり，少数言語を消滅させる可能性についてはほとんど考えない．また両親が聴者である場合，自分の子どもに自分と同じ音声言語を聞こえさせたい，そして同じ音のある文化を持ってほしいと願う権利もあるので難しい．

　少数言語であることの宿命を背負った手話は，人間の言語能力の視覚というモーダリティーにおける実現であること，視覚認知能力に頼って生きる人々の生理的必然で生まれたこと，国際的連帯の可能性をもつことなど，他の少数言語とは違う面を持つ．これらのことは言語の定義，言語の見かたを大きく変え，さまざまな分野の学問研究を飛躍的に発展させた．手話は言語学，脳神経科学，心理学，教育学，社会学等々の発達によって，言語であることを証明され，認知されたが，さらに手話研究がさまざまな学問や芸術を今なお発展させ続けている．そのことを本書で示していきたい．

目　次

はじめに

第1章●――手話からわかった人間の言語能力 ……………… 1

1――手話を生み出す脳　2
　　　手話失語／左脳優位の検証／手話と視覚

2――手指記号と非手指記号　16
　　　表情・視線・口形／非手指動作と脳／手話の脳科学と教育

3――ろう児の言語発達と人間のコミュニケーション能力　21
　　　ろう児のクーイングと手話喃語／育児語／ろう児の手話発達／指差しの発達／視線の発達／身振り言語の研究から普遍文法の探究へ

第2章●――マジョリティー言語に囲まれる手話 ……………43

1――手話とろう文化の継承　45
　　　ろう文化と連帯／ろう者のアイデンティティー／手話についての聴者の認識／母語で教育を受ける権利

2――手話と音声言語の関係　60
　　　手話使用者の多様性／世界の手話使用状況／手話と音声言語の発話時間／手話の社会的ステイタス／音声言語からの借用

3――少数言語者・母語話者としてのろう者　76
　　　少数言語と多数言語／母語としての手話／手話者のマジョリティーとマイノリティー

第3章●——手話のバリエーション……………………………………83

1——手話のバリエーションと手話者のサブグループ　85

ろう者の中のマイノリティー／手話変化の傾向／手話の方言(地域差)／手話の年齢差／手話の性差／手話の人種・民族・宗教差／文脈・状況によるバリエーション／同性愛者の手話／若者の流行語

2——ろう者の連帯と国際手話　101

国際手話／国際手話の歴史／国際手話研究の言語学的意義／国際手話のジレンマ

3——盲ろう者の触手話　108

アメリカの触手話／スウェーデンの触手話

第4章●——手話と芸術……………………………………………115

1——言語芸術としての手話　118

芸術の中の母語としての手話／手話のフォーク・アート(民衆芸術)／デフ・ジョーク／デフ・ストーリー／手話の文学／日本の手話演劇／手話狂言

2——視覚芸術としての手話　134

手話詩／手話俳句／アメリカにおける映画とろう文化／デフ・アート

3——モダリティーの変換と新たな芸術　146

手話の歌／手話と舞踊／少数言語が生み出す芸術／ミュージカル

第5章●——教育の中の手話とろう文化の未来……………………163

1——ろう教育の歴史　164

ろう者と手話の歴史の始まり／初期のろう教育／ろう学校の開設／口話主義教育の時代

2——バイリンガル・バイカルチュラル教育　178

手指言語の容認／教育言語としての手話／バイリンガル・バイカルチュラ

ル教育の誕生

3——人工内耳の出現と手話の存続　186
　　少数言語の存続／人工内耳／ろう者の選択、聴者の選択／人工内耳とろうコミュニティー

おわりに　203

図版出典一覧　209

索　引　211

第1章

手話からわかった人間の言語能力

ろう者が手話で話しているのを見て，手話を知らない聴者がその通りに手を動かしてまねてみるとしよう．そのときのろう者の脳と，聴者の脳はまったく違う動きをしていると知ったら誰もが驚くであろう．そして，実はろう者が手話で話しているときの脳は，聴者が手を動かしているときとは違い，聴者が音声言語で話しているときの脳と同じように動いているのだと言ったらもっと驚くであろう．

　この章では，ろう者の失語からわかった手話と脳の関係を，手話の構成要素や文法を紹介しながら説明していく．次に手話というものが実は手による記号だけではなく，表情やうなずきや顔・首の角度などから成り立っていることを紹介しながら，そのことと脳の関係も論ずる．そして手話を赤ちゃんが習得する過程を通してわかった，人間のコミュニケーション能力，言語を生み出す能力について考えてみたい．また，手話を早期に習得したろう児は音声言語の読み書き能力も高いという研究結果を通して，音声言語か手話かにかかわらず共通な言語の規則から「普遍文法」をさぐろうとする言語学の新たな動向を紹介する．

1── 手話を生み出す脳

手 話 失 語

　従来，脳の右半球は空間的認知や操作に，左半球は時間的・線的認知や操作に使われているとされてきた．これは脳に損傷を負った人の失語や失行(衣服の着脱など特定の行動の仕方がわからなくなること)の症状などからわかった．位置や遠近を認知したり，図形を操作したり，ジェスチャーで表したりするのは主に脳の右半球であり，時間的・線的記号である音声言語(音声言語は一瞬一瞬で消える音の記号の線的なつながりである)を理解したり，生成したりすることは左半球が行っているということは既に明らかになっており，このことから考えれば，体の前の空間で位置関係を駆使して手を動かすには，脳の右半球が使われているはずである．

　ところが，手話を母語とするネイティブ・サイナーが手話で話すときは，これを脳の左半球の言語野(図1-1)と呼ばれる部分で操作している．

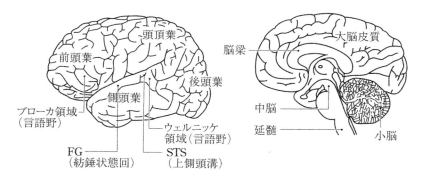

図 1–1　脳の左半球（左）と断面図（右）

このことがわかったのは，やはり脳の損傷を負ったろう者の失語からであった．さらに損傷を負った部位次第で，手話であっても音声言語の障害と同等の特色（語彙の障害，文法の障害など）を持った失語になることがわかり，手話が音声言語と同じような言語的構造を持っていると主張してきた言語学者たちは，その仮説の大きな証拠を得た．

さらに神経心理学的，神経言語学的研究に加え，20 世紀末に PET や fMRI が登場し，自然な状態での脳のどこが活性化しているかが見えるようになり，手話がジェスチャーとは違って，左半球の言語野で生成・理解されていることは脳科学的にも証明された．以下にそれらの研究を紹介してみたい．

手話を母語とする人で，脳に損傷を負って失語症や失行症になった人を被験者にして言語実験をすることで，手話と脳の言語野の関係がわかったのは 1980 年代の終わりであった．それは 1960 年代から一部の言語学者が手話を言語と認め，言語学的に分析し始めていたからこそできた実験であろう．H・ポイズナーと E・S・クリマと U・ベルージは 1987 年，手話を母語とするろう者で，脳の左半球損傷者 3 名と脳の右半球損傷者 3 名について観察および実験をした (Poizner et al. 1987)．そこには，ネイティブ・サイナーの失語は音声言語の失語と同じ仕組みで説明できることが示されている．以下，その発見を手話の言語としての特徴をわかりやすく説明しながら紹介しよう．

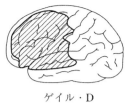 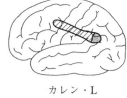 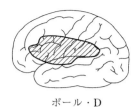

ゲイル・D　　　　　カレン・L　　　　　ポール・D

図 1-2　左半球損傷者の脳

　ポイズナー，クリマ，ベルージが実験を行ったゲイル・D という患者は兄，姉，夫，子ども3人がろうというネイティブ・サイナーであるが，37歳で脳卒中の発作で倒れて以来手話で話せなくなった．CTスキャンによると，彼女の脳には左半球のブローカ領域を中心として左半球に損傷が見られた（図1-2）．彼女は手話をある程度理解することはできたが，それに対して同意したり否定することがやっとだった．それさえも，うなずきながら手では「いいえ」の単語を示してしまうこともあった．彼女はジェスチャーや表情を使ってなんとかコミュニケーションをとろうとした．これらからまずわかるのは，彼女の脳はうなずきなどのジェスチャーを生み出す部位は損傷を受けていないが，手話では「イエス」「ノー」さえスムーズに生み出せないということであり，つまりジェスチャーと手話は生成する脳神経が違うということである．彼女の表情は頻繁に変わり，表情によって感情を表出することはできたとのことである．発病直後にほとんど動かなかった手は，かなり動くようになり，フォークやペンを使うこともできるようになっていたが，手話で意思を伝えることはなかなかできなかった．絵を見て説明をさせるテストでは，文法も見られず，手話単語もなかなか出なかった．単語が出てこないときは指文字で表そうとするが，それすら「タオル」を TEOWL と表出するようなエラーが見られた．しかし彼女が指文字でもジェスチャーでも視線でも，使えるものは何でも使ってコミュニケーションをしたがっていることははっきりわかったという．

　ゲイルは絵カードを見て，それを手話単語で表せるかどうかというテストは比較的よくできた．しかし文を構成するための屈折などが表せなかった．ここでいう屈折とは，たとえば一つの手型でも方向や動かし方によっ

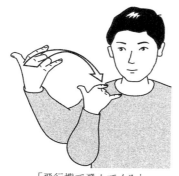
「飛行機で飛んでくる」

「飛行機で飛んでいく」

図 **1-3** アメリカ手話の文法(1)

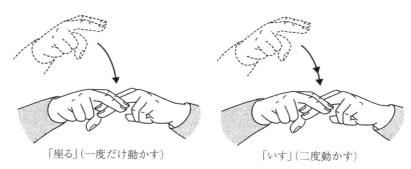
「座る」(一度だけ動かす)　　　　　　　「いす」(二度動かす)

図 **1-4** アメリカ手話の文法(2)

て「飛んでくる」と「飛んでいく」という表現にあたる単語になるということである(図1-3)．彼女は屈折を表さない(この場合方向を示さない)形は産出できるのに，これを屈折させることはできないのである．また「座る」と「いす」のように，手型が同じもので動詞と名詞とで動きが違うものがあるが(図1-4)，そのような区別にも間違いが多かった．

　ここで説明しておきたいのは，手話の文法に方向を使う点である．前述の「飛ぶ」は語彙レベルで方向の文法が表されているが，たとえば図1-5のように「犬が猫を嚙んだ」という文と，「猫が犬を嚙んだ」という文の違いも，「犬」と「猫」の単語を空間に固定し，「嚙む」という単語をどちらに動かすかで意味が決まるのである．この文法はアメリカ手話にも日本手話にも共通している．音声言語を母語とする人は，手話で「犬が猫を嚙

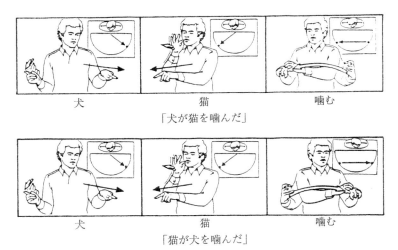

図 1-5　アメリカ手話の文法(3)

んだ」という文が「犬」「猫」「噛む」の三つの単語で，かつこの順で表されるのを見て，手話では「犬が猫を噛んだ」のか「犬が猫に噛まれた」のか「犬と猫が噛んだ」のか区別がつかないではないかと始めは思う．そしてしばしば手話は音声言語より大ざっぱだとか不完全な言語だという．それは手型だけ見ているからで，空間を使う文法規則がわかれば誤解は起きないのである．

　ゲイルは絵カードを見て手話単語を表すことができても，それを「犬が猫を噛んだ」とか「猫が犬を噛んだ」という文にすることができない．手話を知らない聴者がゲイルと同じような失語になったときに，この猫と犬の関係を，手を使ってあるいは犬と猫のおもちゃを動かして表すことに支障はない．同様にゲイルのようなネイティブ・サイナーの失語症患者でも，犬と猫のおもちゃを動かして表せと言われればできる．しかし，手話で話しているときに限って単語を動かす方向がわからなくなるのである．実際に起こったことを空間で表すのではなく，言語の文法として方向を使っているからである．

　ゲイルの失語の特徴は音声言語でのブローカ失語，つまりブローカ領域に損傷を負った場合の失語と共通している．ブローカ失語の患者は言語の

理解は比較的よいけれども,自分でうまく話すことができない.特に文法能力に著しい障害があるのである.

　ポイズナー,クリマ,ベルージの2番目の被験者カレン・Lは,65歳で失語症になった.彼女は脳の左半球ウェルニッケ領域上方に損傷を負っている(図1-2).発病した直後はほとんど手話ができなかったが,6ヵ月後にはかなり話せるまでに回復した.しかし単語の構成要素のどれかを間違えるという症状が残った.手話単語は手型・運動・位置という構成要素で成り立っているのであるが,カレンの場合,構成要素のどれかを間違えることが多い.たとえば手の形だけ間違えたり,動きだけ間違えたりするのである.図1-6の「注意深い」という単語の場合は手型だけ間違っているし,「楽しむ」という単語の場合は動きだけ違っている.これは単語がいくつかの要素に分解されて習得され,その要素の組み合わせによって手話者は単語を生成しているということの現れである.この要素が,手話を言語として分析してきた言語学者が従来の言語学用語をそのまま使って「音素」と呼んできたものにあたる.カレンが間違えるときは,アメリカ手話に存在する別の手型,動き,位置と取り違えるのである.日本語の失語症の患者が「つくえ」を「つくし」と言ってしまうようなもので,その場合「つくえ」の「え」を「し」と間違えることはあっても,日本語にあり得ないような音素(たとえば英語の「th」のような音)と言い間違えることはないのと同じである.

　カレンは代名詞の特定ができなかったので,「誰が?」「何が?」と聞き返されることが多かったが,そのほかは文法を間違えることはなかった.しかし理解には多少の障害があり,他者の手話を見て,まねして反復する課題でも,複雑な長い文になると間違えたという.これは音声言語の伝道失語と呼ばれるものと同じ特徴を示している.

　3人目のポール・Dは妻もろう者で,ろう者コミュニティーの重要なメンバーであった.ジャーナリストであり,長年ろう教育に携わり,ろう者の教育を受ける権利について闘ってきたが,71歳で脳卒中になり,脳の左半球ウェルニッケ領域とその周辺に損傷を負い(図1-2),ポイズナーらの実験時には81歳になっていた.彼は検査の結果,知的能力は正常であることがわかったが,手話と書記英語にはまだ障害が残っていた.ジャー

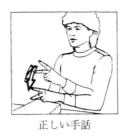 

正しい手話　　　　　　カレン・Lの手話

「注意深い」

正しい手話　　　　　　カレン・Lの手話

「楽しむ」

図1-6　手話失語による音素のエラー

ナリストであった頃の彼の英語の文は非常に美しかったが，脳に損傷を負った後は，意味がよくわからない文を書くようになった．彼の失語は文法的形態素のエラー（たとえば品詞を間違える）などはあるものの，豊富な文法構造を正しく使うことができた．しかし語彙のレベルでは選択を間違っているものが多い．その中には意味不明なこともあるが，しばしば「会議」と言うべきところを「密談」と書くなど，意味的に関連しているが不適切な単語を選択して書いていることが多い．このような状態はウェルニッケ領域に損傷がある場合にしばしば見られる失語で，ウェルニッケ失語と呼ばれる．

　非常に興味深いのは，手話の場合も彼は書くときと同じような間違いをした点である．たとえば，品詞を間違えて「最後の」を「最後に」と表し

たり,「息子」と「娘」を間違えたり,「時間」と「年」を間違えたりするのである.

またポールは類辞 (classifier) の間違いをする. 類似とは手話特有のもので, アメリカ手話では, たとえばある動詞の主語が, 直立した物である場合と, 人である場合と, 乗り物である場合とで, 図1-7のような類辞の使い分けがある.「自動車が通り過ぎる」という場合, 乗り物を表す類辞を使わなければならないが, ポールは図1-8のように人を表す類辞を使ってしまうことがある. また図1-9のように単語の屈折形を使う必要がないときに屈折を表す余分な動きをつけてしまったりする. この場合, 簡単な形のほうが正しいのに, わざわざ複雑な形を使うことがしばしばあり, 運動が不自由なのではなく言語の障害であることが明らかになった.

一方, 脳の右半球に損傷を負ったネイティブ・サイナーはどうなるだろうか. 右半球に損傷を負うと視空間障害を起こすことが多い. たとえばしばしば半側空間無視という視野の左半分のものを無視するという症状が出る. 左半身が麻痺することも多い. そうなると空間を利用して, 手を動かして表現する手話には支障が起きそうなものである. しかし実際には右半球損傷は手話能力に支障がないことがわかった.

たとえば, ポイズナーとクリマとベルージの被験者であるブレンダ・Iは部屋のレイアウトを描写するときには家具を右端に集めてしまうのに, 手話の文法として空間を利用することにはまったく問題がなかった (図1-10). ここでいう文法的な空間利用とは, 文の要素となる単語を空間の中に位置づけ, その単語との関係を動きで表す規則で, 図1-5の「犬が猫を嚙んだ」と「猫が犬を嚙んだ」という文に見られる文法はその単純な例である.

脳の右半球に損傷を負ったネイティブ・サイナーの手話は, 図形の認知が必要な表現にはエラーはあるものの, 文法的に空間を使う限りにおいて, 方向を間違えることはなかった. 被験者の中には左手が麻痺して動きにくいのに, 手話をする場合だけは両手が自由に使える人さえいた. もしも手話を知らない聴者がブレンダのような脳損傷を負った場合, ネイティブ・サイナーの手話をまねして図1-10(b)のように手を動かそうとしても動かすことはできない.

直立した物　　　　　乗り物　　　　　　　人

図 1-7　アメリカ手話の類辞

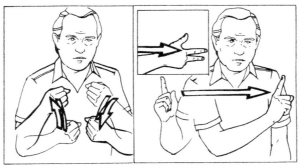

「自動車が通り過ぎる」

図 1-8　ポールの類辞エラー

不注意（非屈折系）

不注意（この単語には共起し得ない屈折をさせている）

図 1-9　ポールの屈折エラー

左脳優位の検証

　このように手話失語から，手話が脳の言語野で生成されていることがわ

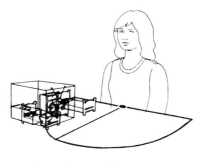 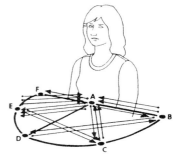

(a) ブレンダ・Ⅰが示したレイアウト　　　　　(b) ブレンダ・Ⅰの手話表現

図1-10　脳の右半球損傷者の空間認識エラーと手話表現

かってから後,さらに細かい研究が進んでいる.1996年,G・ヒコクらはBDAE (Boston Diagnostic Aphasia Examination) という音声言語の失語症の検査に使われるテストをアメリカ手話に応用し,13名の左半球損傷の手話者と10名の右半球損傷の手話者を検査したが,句の中で一度に発することのできる手話単語の数,単語を発する速さ,錯語(別の単語ととり違える)の率などの検査項目のすべてにわたって左半球損傷者のほうが成績が悪かった (Hickok et al. 1996).また1998年,D・P・コリナは16名の左半球損傷の患者と5名の右半球損傷の患者を長期にわたって観察して,左半球の言語野に決定的な損傷がある人だけが手話失語を起こすことを示した (Corina 1998a, 1998b).

失語症の患者ではない手話者についても,1993年にM・H・ハグルンドらが左の側頭葉に電気刺激を与えることにより,物の名前を表出するとき手型を間違えることを確かめている (Haglund et al. 1993).また1999年にはD・P・コリナとS・L・マックバーニーらが,手話者の左半球に検査のためバルビツール酸系催眠鎮静薬を注射して麻痺させると手話失語が起きたが,右半球を麻痺させても手話失語は起きなかったことを報告している (Corina, McBurney et al. 1999).

さらに,右視野に提示されたものはまず脳の左半球で認知され,左視野に提示されたものはまず右半球で認知されることを利用して,K・エモリーとD・P・コリナが手話者の左右の視野に手話を提示したところ,た

1　手話を生み出す脳──11

だ手型を認知するだけならば，左視野に提示されたものを優先的に認知する，すなわち右半球優位であるか，あるいは左右で差がないことがわかった．ところが手話としての動きがつくと右視野に提示されたものを優先的に認知する，すなわち左半球優位であることがわかった (Emmorey & Corina 1993 他)．K・エモリーと D・P・コリナの実験はアメリカ手話によるものであったが，その後イタリア手話でも 1996 年に G・グロッシらが，手話者に手話の手型を見せただけでは左半球優位ではないが，その意味を判断する課題を与えると左半球優位になることを発表している (Grossi et al. 1996)．手話を知らない人でこのような実験を行っても，左半球優位になることはないという (Emmorey 2002)．つまり手型や手の動きを言語として認知できる人の場合のみ，左半球優位になるのである．手話を知らない人にとっては，手話はジェスチャーやパントマイムのように認知され，言語的解釈は伴わないからである．また手話を母語とするろう者でもジェスチャーやパントマイムを認知するときは，手話を認知するときの左半球優位を示さないのである (Corina, Poizner, et al. 1992 他)．

　PET や fMRI を使った研究も，手話が言語野で生成され，理解されることを証明している．1997 年に P・マックガイヤーらは PET を使って，ろうの手話者がイギリス手話を心の中で思い浮かべるときと，聴者が英語の文を心の中で思い浮かべるときの脳の動きを調べた．この両方とも同じように左の下前頭葉の活性化が見られた (McGuire et al. 1997)．この場合，両者とも右半球の活性化は見られなかった．また L・サン・ホセたちは手話者が動詞を発するときに，右手で表しても左手で表しても，両手で表しても左半球が活性化していることを観察したが，これは手話を発するときに左半球優位になることが利き手である右手を主に動かしているからではないということを証明する結果でもある (San Jose et al. in Emmorey 2002)．手話の生成にみられる脳の働きは，聞こえないこととは関係なく，CODA (Children of Deaf Adults)，すなわち聞こえているが親がろう者であるために手話を第一言語として育った人でも同じである．

　このような脳科学的な研究により，もはや手話が言語であることは誰も疑えなくなった．日本手話についても 2005 年，酒井邦嘉らによる脳科学的研究で，手話が脳内で音声言語と同じ仕組みで生成されていることが確

かめられた (Sakai et al. 2005).

　そしてこのことは左半球にある言語野というものは必ずしも音声言語だけを認知・生成するのではなく，手話も認知・生成するのだということと，人間の言語能力が音声と必然的なつながりを持つわけではないということを示している．これは言語学全体にも大きな影響を与えた．1980年代前半まではほとんどの言語学者は，言語とは音と意味とを結びつける規則の集合であると信じていたのである．ところが手話という音を使わない記号が言語としての機能を持つだけでなく，言語特有の構造を持ち，しかも脳の言語野で生成されていることがわかったのである．この発見は，言語野とは聴覚から得る線的記号（時間の流れの中で発せられては消えていく音による記号）を処理するところであるとしてきた脳科学自体にも大きな影響を与えた．言語野とは，記号のモーダリティーにかかわらず，その奥に潜む言語特有の構造を生成し，理解する部分だったのである．

　しかし，大人になってから手話を習った聴者の脳は，手話を完全な言語として生成するようにはなかなかならない．つまり，手話を母語とするろう者やCODAのように言語野で自由自在に手話を生成できるわけではない (Weber-Fox & Neville 1999)．大人になって覚えた手話はネイティブ・サイナーからは，一目で「聴者の手話」とわかるとよく言われる．聞こえていない人の手話でも，大人になるまで手話を習ったことのない人の手話は，ろう者やCODAからみると「下手な手話だな．聞こえている人かな」と思われるそうである．大人になってから学んだ外国語は，なかなかネイティブ・スピーカーのようにはならないのとまったく同じである．

　一方，手話の認知のための脳の活動については，ろう者とCODAでは少し違っていることがわかった．CODAやその他の聴者が言語を認知するための聴覚神経の多くが，聞こえない人の場合，手話の視覚的認知に使われていることがfMRIでわかった．ただし，ろう者が手話を見るときに使われない聴覚神経 (primary auditory cortex) もあり，そこだけは視覚神経への再編成がなされないと考えられている．人工内耳によって聞こえるようになると，その神経は聴覚認知に使われるようになる (Hickok et al. 1995; Hickok et al. 1996)．しかし，かなりの聴覚中枢となるべき部分が，聴覚刺激がなければ視覚認知に使われるということは脳の可塑性を表す証拠でもあ

り重要である．

手話と視覚

　視覚記号である手話が言語野で生成・理解されることは，手話者の認知構造にも影響を与えると考えられる．

　聞こえないろう児の視覚認知能力について次のような実験がある．U・ベルージ，Q・ツェン，E・S・クリマ，A・フォックは，1989 年に中国のろう児と聴児を使って実験をした (Bellugi et al. 1989)．素早い光の動きで示した，実際には存在しないが漢字のように見える記号 (図 1-11a, b) をろう児と聴児に見せて，その後思い出して書かせたところ，明らかにろう児は動体視力がよく，視覚記号の記憶がすぐれており，しかも漢字の画に必要な光の線と，画から画に光が移動したための線を区別することができた (図 1-11c)．つまり連続した光の動きを追いながら，言語記号として必要な線だけを認知しているのである．文字はこういう線から成り立っているものだということをろう児の脳は知っていて，無意識にそういう線とそれ以外の線とを区別しているのである．これは聴者が，物理的には連続した，とぎれのない音の流れの中から，それが母語であるならば，言語の構成要素である音素だけをピックアップして認知できるのと同じである．一方，この実験で聴児は非常に成績が悪かった(図 1-11d)．

　ろう者は聴者より高度な視覚認知・記憶能力を持っていると認めざるを得ない．これは，聞こえないという点でしか定義してこなかったろう者というものの新たな見方である．しかし，この特にすぐれた視覚認知・記憶能力は手話を獲得することによって開発される能力であって，聞こえないというだけでは十分開発されない．反対に，聞こえるサイナーの視覚認知・記憶能力も手話によって確かに開発される．CODA やネイティブ・サイナーでなくても手話経験のある人は，ない人より視覚認知・記憶能力が発達しているのである．筆者の行った文字や記号を認知・記憶させる実験によると，言語習得の臨界期といわれる年齢を過ぎてから手話を習得しても，またそれが自然な手話ではなく「日本語対応手話」(日本手話の単語を借りて日本語を手指記号に置き換えた手指日本語)(第 2 章参照)であっても，文字などを認知・記憶する能力がかなり発達することがわかった

(a) 実験のために作られた文字　　(b) 光で示した線

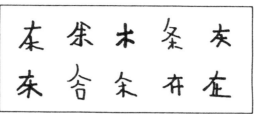

(c) 中国のろう児が(b)を見て書いた字

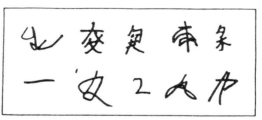

(d) 中国の聴児が(b)を見て書いた字

図1-11　中国のろう児と聴児の視覚認知能力実験

(斉藤 2000).

　また1987年にはC・マッキーが，1993年にはK・エモリーらが正方形を組み合わせた図形などを使って，鏡で見た場合の形はどれかを答えさせる実験で，聴者よりろう者のほうがその能力が高いことを示した (McKee 1987 in Emmorey 2002; Emmorey et al. 1993)．この鏡で見たような裏返しの図形と元の図形の同一性をわかる能力は，手話者が自分で表現するときと相手の手話を読み取るときで，形や動きが裏返しになることと関係があると考えられる．この能力は，手話を大人になってから習得した聴者でも高く (Talbot & Haude 1993)，ろう者でも手話を知らなければ高くない (Chamberlain & Mayberry 1994 in Emmorey 2002)ことがわかっている．

以上のように，手話はまさに脳科学的にも「言語」であり，しかも言語として手話を持つことで，脳が再組織され，特別な視覚認知・記憶能力が開発されていくのである．

2——手指記号と非手指記号

表情・視線・口形

　さて，これまで手による単語や文法について紹介してきたが，実は手話では顔や首の動き，顔の表情も言語記号として使われている．「手話」という呼び名はあまり正しくないのである．ろう者の言語は体が生み出す視覚記号による言語であって，手による記号とは限らない．ろう者が手話で話すのを見て，表情が豊かだとかオーバーだとか言う人がいるが，彼らの手話の中の表情と聴者の顔の表情とは別のものなのである．聴者が表す感情的な顔の表情は，ろう者も同じように表出している．国によって，民族によって表情は多少違うが，日本のろう者と日本の聴者の感情表現がそれほど違うわけではない．表情が豊かだとかオーバーだと聴者が感じる部分は，手話の一部としての言語記号なのである．ろう者に手話を教わるとき，手指記号だけが手話だと思っている聴者は，なぜたったそれだけの単語で表現できるのかと不思議に思う．それに対してろう者は，表情が加わるからだと答える．すると聴者は感情的表情しか知らないので，それに頼る手話は曖昧なものだと思い，音声言語の記号のように意味がきちんと表せないではないかとか，受け取る人によってずいぶん違った解釈になるのではないか，と言うのである．「顔の表情なら私たちも使っている．しかしそれは言語とは呼べない」ということになり，聴者は手話を表情に頼る不完全な言語だ，と誤解するのである．そうではなくて，手話は顔の表情に頼っているというよりも，表情を言語記号化したものが手話の構成要素なのである．

　手話のうちで手によって表すものを「手指記号」，それ以外を「非手指記号」と呼ぶ．実はネイティブ・サイナーは手話を読み取るとき，手話者の口のあたりに視覚の中心を置いており，手指記号は周辺視野で読み取っ

ている．それに対し，手話を母語としない，手話の下手な人はどうしても手指記号に目がいってしまい，顔の表情を読み取るのはきわめて難しい．

手話の中の非手指記号には，眉を上下させたり，目を細めたり，口を開けたり，唇を突き出すというような顔の表情と，うなずき，あご上げ，首振りというような頭の動き，姿勢などがある．たとえば日本手話の場合，文の最後でうなずくのは平叙文であるとか，眉を上げてうなずくのはイエス・ノー疑問文であるとか，あごを突き出すのはWH疑問文であるとかいう非手指記号の使い方がある．また副詞的な非手指記号もある．たとえば，形容詞を表す手指動作と同時に目を細めることによって「とても」という強調になったり，動詞を表す手指記号とともにあごをひき，唇を一文字に閉じることで「一生懸命」という意味になったりする．アメリカ手話の場合も，否定を「～ではない」にあたる手指記号を使わず，動詞の単語一つで，同時に首を横に振る非手指記号で表せる．

また口形というのもあり，これは日本語をしゃべっているときの口の形とは別のものである．日本語対応手話，すなわち日本手話の単語だけ借りて日本語を手指記号に置き換えた手指日本語の場合，口形は日本語をしゃべっているときの形で，しかもそれを大げさに表すことが理解の助けになったりするのだが，日本手話における口形は，「え」のような形とか「ぱ」のような形というふうに一つの動きに限定されていて，日本語の単語を発音する動きとは関係ない．木村晴美と市田泰弘は次のような例を挙げている（木村，市田 1993）．唇を突き出す形[mm]と，口を開けて舌を少し見せる形[th]では，/働く//給料//もらう/という三つの単語で表す文の意味が変わってくるという．[mm]の場合は「それなりに働いてそれなりの給料をもらう」という意味になり，[th]の場合は「たいして働きもせずに給料をもらう」という意味になる．

視線も文法として使われる．市田泰弘は興味深い例を挙げている（市田 1997）．たとえば，/田中//知っている/と単語を出したとき，「田中」をつくる手に視線を向けると「田中さんを知っている」の意味になり，「田中さんが知っている」の意味にはならない．つまり，日本語の「は」や「を」にあたる格助詞を視線で表すのである．また，/来る/という単語を作っている指に話者の視線が向いている場合は「～が来るのを見る」という意味

になるし，/書く/という単語を表しながら横(隣の机のような位置)に視線を向けると「見ながら書く」という意味になる．さらに視線は話法にあたるロールシフトにも使われる．たとえば，聞き手を見るのではなく空間に視線をそらすことで，話者ではない別の人が言ったことを表すのである．日本語で言えば「〜と言う」などの表現や書きことばの引用符(「　」．英語で言えば"　")にあたる．

アメリカ手話でも，/あげる//やる/にあたる手指記号による単語を，相手を見つめながら示すことによって「私があなたにあげる」の意味になったり，視線を横に動かすことによって「私が彼/彼女にあげる」の意味を表すことができる．

このように手話の中で視線は文法機能を持つので，曖昧に目をそらしたり泳がせたりすると意味がわからなくなるのである．音声日本語を母語とする人の文化では，話すときにはお互いから視線を曖昧にそらすことが多く，話しながらまったく目をそらさないときは喧嘩であったりする．手話を母語としない日本語話者は，手話を使うときもこのような視線の使い方をするために，手話を母語とする人には意味が正確に伝わらないことがある．

非手指動作と脳

さて，このような非手指記号は，脳ではどのように生産・認知されるのであろうか．感情を表す顔の表情は主に脳の右半球で生産・認知されると考えられている．ところが，ネイティブ・サイナーが言語記号として使う顔の表情は主に左半球を使って生産されることがわかった (Corina 1989; Corina et al. 1999)．表情は，脳の右半球で生産されたものは顔の左側に，左半球で生産されたものは顔の右側に，よりはっきりと現れるはずである．そこでサイナーの顔の左右の動きを精密に比較してみると，感情的な表情の場合は顔の左側により強く現れ，手話の一部としての言語的表情は顔の右側により強く現れていることがわかった．また脳の左半球に損傷を受けたサイナーは手話の中の表情ができないが，感情表現の表情は現れることもわかった．そして右半球に損傷を負った人は音声言語の話者であれ，サイナーであれ，感情的な表情の表出に障害が起きる．これは聴者の「顔の

表情なら私たちも使っている．しかしそれは言語とは呼べない」という考えを科学的に否定するものである．

　表情の認知については次のような報告がある（McCullough & Emmorey 2004）．左右の側頭葉に STS（superior temporal sulcus，上側頭溝）という部分と FG（fusiform gyrus，紡錘状態回）という部分がある（図 1-1）．被験者に，手話者が言語的表情を表出している顔の写真や，感情がはっきり表れた人の顔の写真をいくつか見せながら，fMRI を使って STS と FG を観察したのである．以前から聴者の場合，視線・口形など顔の表情の変化には右の STS が反応することはわかっていたのだが，この実験でろう者の場合は，感情の表情を見ると左右対称に反応することがわかったのである．そして手話者が言語的表情を表出している写真の場合，手話の動詞に共起する表情に限って，ろう者がそれを見ると左の STS が反応するのだという．手話を知らない聴者に，手話の動詞と共起する表情を見せた場合は，左右対称に反応したという．つまり手話を知らない聴者は，その表情の言語的意味を認知せず，かつどんな感情の表情かも認知できない場合は，STS は左右対称に動いているということである．さらに，聞こえるけれども手話を母語とする CODA はどうなるかというと，ろう者と同じで，感情の表情に対しては左右の STS が対称に，手話の動詞と共起する表情に対しては左の STS が反応するということである．

　一方，FG は顔の識別，たとえば誰の顔かや性別を判断するとき反応する．聞こえる人の場合，左右の FG で対称に（ときどき右の FG がより多く）反応する．ところが手話のできるろう者の場合は，感情的表情でも言語的表情でも左の FG がより多く反応する．さて，聞こえるけれども手話を母語とする CODA はどうかというと，FG については聴者と同じなのである．聴者では多くの場合，左右対称に反応しているのであるが，細かく調べると，左の FG が顔の部分を，右の FG が顔全体を見ているという説もある．ろう者に限って感情的表情を見ても左優位になるということは，ろう者の場合，顔の部分をよく見るということかもしれない．現在まだすべては解明されていないが，手話というものが脳の反応の仕方を変えるということは確かである．CODA でも，STS がろう者と同じように反応することや，先に述べたように視覚認知能力が手話者のほうがよいことを考え

ると，聞こえないことというより，手話ができることが脳を変えると考えざるを得ない．

手話の脳科学と教育

このように手話は音声言語とは違う，視覚記号を媒体とする言語であるにもかかわらず，ろう者の脳の中で，聴者が音声言語を生成・認知するのと同じように，脳の左半球の言語中枢で生成・認知されており，それは聴者が身振り手振りや表情を表出・理解するメカニズムとはまったく違うということがわかったのである．ジェスチャーと手話が異質なものであることや，感情的表情と手話の記号としての表情が異質であることは，聴者にはなかなか実感できないが，脳の動きによって示されると納得しないわけにはいかない．手話者の視覚記号を生産する能力や，視覚記号を素早く正確に認知する能力は人間の脳に潜在的にはあり，音声言語に頼って生きる聴者は，それが十分発現していないと言える．もはや手話をジェスチャーと同じであるとか，原始的な言語であるなどとはとても言えない．

いまや手話は科学的根拠を持って，言語として認知されるようになり，したがって手話を母語とする人が手話を使うことや手話で教育を受けること，あるいはろう児の親が子どもに母語として手話を獲得させたいと望むことや，手話で教育を受けさせたいと望むことは，彼らの権利であると言えるようになった．

さらに，手話の能力が高い子どもは音声言語の読み書き能力も手話のできないろう児より高いことが証明された．まず，言語は小さいときに習得するほど有利であると一般的に信じられているが，これは手話についても証明されている．E・L・ニューポートは，生まれたときからろうの両親に手話で育てられたろう児と，4歳から6歳に手話を習得したろう児と，12歳以降に手話を習得したろう児との手話の能力を比べた．その結果，手話の能力は，早く手話に接したグループほど高く，能力の高さは何年手話に接したかではなく，どれだけ早く手話に接したかによるということがわかった (Newport 1988)．

手話能力と音声言語の能力との関係も研究されるようになった．M・ストロングとP・プリンツは，ろう学校の8歳から15歳の生徒を被験者と

して，アメリカ手話の能力と英語の読み書きの能力の相関関係を調べた (Strong and Prinz 2000). その際, 母親が聴者であるか, ろう者であるかも調べた. その結果アメリカ手話の成績がよい子は英語の読み書きの成績も高いこと, また母親がろう者である子どもは, 母親が聴者である子どもより, アメリカ手話と英語の両方で能力が高いことがわかった. J・P・モーフォードとR・I・メイベリーも, 生後1歳までにアメリカ手話を見て育ったろう児は, 英語の読み書き能力も高くなることを明らかにしている (Morford & Mayberry 2000). このような, 早期に手話を獲得したろう児とそうでないろう児の言語能力の差は, 手話であれ音声言語であれ, 言語を身につけるのは早期であるほど有利であることと, 手話の能力は音声言語の能力と無縁のものではないことを意味する. それは手話でも音声言語でも, 最も深層には言語の普遍的な構造（「普遍文法」と呼ばれる）があるからに違いないと考え, 言語学者たちは手話やろう児が自然に発するホームサイン（自作の手話）の構造に注目し始めている (Goldin-Meadow 2005 他). この点については次節で詳しく述べる.

聞こえない子どもにとって, 手話によって視覚能力が高まれば有利であることは明らかであるし, 手話を獲得することが音声言語の構造を身につけるためにも有利であることも明らかになったため, 手話を習得すること, 手話で教育を受けることは, ろう児の権利であるだけでなく, ろう児にとって必要なことと考えられるようになってきた.

3——ろう児の言語発達と人間のコミュニケーション能力

ろう児のクーイングと手話喃語

これまでに手話が言語として認められるようになる過程でさまざまな研究が行われてきたことを紹介したが, いまなお新たな発見は続いている. そして手話研究は, 人間の言語能力について思いもよらぬことを教えてくれている.

言語というものは7歳頃までに獲得されないと, 一生完全には獲得できないとしばしば言われる. この時期を言語習得の臨界期と呼ぶ. 臨界期ま

でに言語にさらされないと，言語発達とそれを必要とする認知・思考能力の発達が阻まれることになる．それは幽閉児・野生児などの例からもわかっているのであるが，実は聞こえない子どもが音声言語のみで育てられることは，幽閉児・野生児が言語にさらされることなく育てられるのに似ている．過去の歴史の中で，聞こえない子どもは知能も低いとしばしば言われてきたが，その原因は言語発達が不十分であったからである．

　一方，親も手話を話すろう者であれば，ろう児は手話を母語として健やかな発達をとげる．その手話習得は，聞こえる子どもが音声言語を習得するのとそっくりな経過をたどる．つまり生後9ヵ月から1年で，単語を発するようになり，1歳から2歳で単語の数が爆発的に増え，2歳ぐらいで二語文（「わんわんきた」「おっぱいほちい」など）を発するようになる．さらに手話を使って授業をすれば，小学校1年生は1年生らしく，6年生は6年生らしい知能の発達を見せるのである．もちろん情報障害はある．聞こえない子どもには，いつのまにか耳に入って何となく知識になるということがない．親や先生，近所の人，テレビなどがすべて手話を使わない限り，聴者とまったく同じ量の知識が得られるわけではない．が，ともかく手話で教育されれば，正常な発達は保障される．

　赤ちゃんは生まれてすぐは泣き声しか出さないが，生後6〜8週間ぐらいで，クーとかアーというような音声言語らしい声を発するようになる．泣き声とは質が違う声である．これをクーイングと言う．そしてその後，生後6〜8ヵ月には母語の音素を多く含んだ音節からなる意味のない音声を発するようになる．これを喃語と言う．最初は過渡期の喃語と言って，「あーあーあー」というような単純な音節の繰り返しを発するが，9ヵ月頃には母語の音韻体系を反映した基準喃語を発するようになる．たとえば日本語を母語とする両親に育てられた赤ちゃんは，子音と母音を組み合わせた「ばーばーばー」とか「おこっ」とか「あっくん」とかいうような声を出す．ここまでは音と意味とが結びついているわけではないが，やがて音と意味とが結びついた単語を発するようになる．日本語であれば「まま」とか「わんわん」というような単語である．さらに単語を二つ組み合わせて「わんわんきた」のような簡単な文を発するようになる時期が二語文期である．

注目すべきは，クーイングや喃語が手や足のリズミカルな動きと共起することである．赤ちゃんは足で空を蹴りながら笑い声をたてるようになり，クーイングも発するようになる．やがて足の動きよりも手の動きのほうが多くなり，過渡期の喃語の頃には発声とともに手を振ったり，持っている物を机などに叩きつけたりするようになる．そして基準喃語を発音するようになると，手の動きは影を潜めるようになる．ここまでの段階でわかることは，コミュニケーション行動は声と手足の動きが渾然一体となって発現するということである．

　言語音を聞いたことのない先天性聴覚障害をもつ赤ちゃんでも，クーイングや過渡期の喃語は発する．しかし基準喃語は発達しない．聞こえなくてもクーイングや過渡期の喃語が発達するということは，赤ちゃんは言語を聞いたことがなくても，音声を発してコミュニケーションを行う準備はするということである．つまり音声言語を持とうとすることは生得的に備わっている性質だということである．さらに興味深いことに，聞こえない赤ちゃんの場合，過渡期の喃語から1単語を発する時期へと発達しないかわりに，手による喃語を発するようになる．聞こえない赤ちゃんは，基準喃語を発音するかわりに，聞こえる赤ちゃんでは示さないような手の形を示すようになるのである．L・A・ペティトらは13の手型(図1-12)を確認し，それは世界のさまざまな手話に共通する基本的手型である(13のうち12がアメリカ手話の基本形と共通する)ことを発見した(Petitto & Marentette 1991，森 1996)．興味深いのは，手話を見たことがない赤ちゃんでも，そのような手型を表すことである．そして，親もろう者であるために赤ちゃんが手話を見て育つと，手による喃語は生後9ヵ月以降どんどん増加し，手話による単語を発する時期へと発達するのである．

　このようなことから手話というものは，人間が手を使ってコミュニケーションを行おうとするときの必然的な手型を基本として，自然に生まれた言語であると言えそうである．生まれたときから手話を見て育つ赤ちゃんは，手による喃語を発するようになり，やがて意味のある手話単語を発し，さらに手話単語を二つ並べて単純な文を作るようになるのであるが，これらの発達は音声言語で育つ赤ちゃんの音声によるクーイング，喃語，一語文，二語文という発達と同じ月齢で見られるのである．つまり，言語

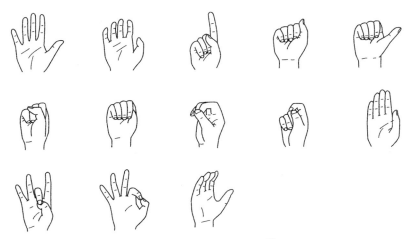

図 1-12　ペティトの 13 手型

の本質を考えるときに，言語行動が音声によるか，手の動きによるかは問題ではないのである．人間に備わった言語習得能力と音声との関係は絶対的なものではないのである．赤ちゃんは言語にさらされると，それが音声ではなく視覚記号であっても，その言語から最小の単位（言語学では音声言語でも手話でも「音素」と呼ぶ）を抽出して，それを自ら発する訓練を自主的に行い，それを組み合わせる規則を抽出して，母語の中からある音素のつながりとそれが持つ意味の結びつきを理解しながら単語を取り出して覚え，コミュニケーションに使うようになるのである．

　注目すべきことは，音声言語が聞こえていて，手話にさらされたことのない赤ちゃんも生後 3 ヵ月ほどで，手によるコミュニケーションを始めていることである．後述する「指立て」は，手指によるコミュニケーションの萌芽であり，音声言語のクーイングに似たものである．人間には音声を発したり，手を動かしたりすることによって，言語体系を創造する能力が生得的に備わっているのである．

　人間のコミュニケーション行動は，体を動かすことと音声を発することが渾然一体となって始まり，基準喃語の時期にその人がさらされている言語次第で，音声を細分化させるか，身振りを細分化させるかの運命が決まると言ってよさそうである．つまり，音声と身振りのどちらに「言語」と

しての特性を持たせるかが決まるのである．ここで言う「言語」としての特性とは，最小の単位(音素)があり，それを組み合わせて単語にする規則があり，単語を組み合わせて文をつくる規則がある，というふうに多重な構造を持つことである．そして親がろう者であるため手話を母語とするが，自分は聞こえるので音声言語も習得するCODAの子どもは，視覚記号と音声記号の両方を言語化してバイリンガルとなるのである．

育児語

赤ちゃんにとって，周りの大人，特に育児者(おもに母親)の言語の影響が大きいのは言うまでもない．その大人の言語には特徴があり，それを「育児語」(motherese または child-directed talk)と呼ぶ．赤ちゃんに話しかけるときは，たいてい声が少し高くなったり，話し方もゆっくりで，ポーズが長く，大げさなストレスをつけたりする．これはどの音声言語でも物理的にかなり共通している．そして赤ちゃんは普通の話し方よりも，そのような話し方に明らかに興味を示すのである．このような話し方は注意を引きやすいだけでなく，語と語の区別がわかりやすいなど言語習得に有利であるとも言われている．

手話にもこの育児語がある．つまりネイティブ・サイナーが赤ちゃんに話しかけるとき，普段の手話に比べて，よりゆっくりで，動く範囲が大きく，同じ動きを反復させるのである．また赤ちゃんに見やすくするように，自然に角度を変えるという行動も見られる．その単語が指示するものに手を近づけて，単語と指示するものを同時に見えるようにすることや，赤ちゃんの手をとって単語を表現させることもある．ふつう手話は，それぞれ話者の前の空間が表現の場になり，他の人の領域に入っていくことはないが，育児語の場合は境界を越えることもある．手話の場合も，赤ちゃんはふつうの手話より育児語の手話を好んで見ることがわかっている．面白いことに，聞こえる赤ちゃんも普通の手話よりも育児語の手話のほうを好んで見るという (Masataka 1998)．

育児語ではあえて非文法的な表現を使うこともある．音声言語でも，たとえば日本語で育てる親は「ほしい」「おいしい」を「ほちい」「おいちい」などと言うことがある．子どもが言いにくい音を言いやすい音に変え

てやるのである．手話には先ほど述べたように言語的表情があり，これは赤ちゃんを育てるときに重要な感情的な表情と矛盾することがある．サイナーである育児者は，手話としては間違っていても，あえて感情的な表情の方を優先させるという．そして育児者はそのことをまったく意識しておらず，自分でビデオを見るまで気づかないほどである．やがて赤ちゃんが自分で手話を発するようになると，育児者は無意識に手話の文法として正しい表情を表出して見せるようになる (Reilly & Bellugi 1996).

ろう児の手話発達

こうしてろう児は育児者がサイナーであれば，手話を母語として獲得していく．その発達の特徴をいくつか紹介しよう．

手話には特に子どもが発しやすい単純な手型があり，これを「無標の手型」(unmarked handshapes) などと呼び，これがまず出現する．それ以外の手型を「有標の手型」(marked handshapes) と呼ぶが，子どもは有標の手型を無標の手型で代用することが多い (図 1-13a)．また子どもの間違いには一定の傾向がある．手指記号の位置や動きは間違えないで，手型だけ不定手型と呼ばれる，全部の指をやや曲げた曖昧な手型を使って表すことがよくある．人差し指と中指をのばす手型 (H 手型) が人差し指だけのばす手型 (G 手型) になることも多い (図 1-13b) (中 1991，鳥越 2000)．日本語を習得する子どもが「おいしい」を「おいちい」というのと似ている．手話の習得過程で見られる特有のものに，上手く表せない利き手の手型を片方の手で直すという現象も見られる．

文法的な特徴としては，育児者が屈折形を使っているのを模倣する場合に，子どもはわざわざ屈折していない形を表出することがある．ただ模倣するより難しいはずなのに，原型を自ら思い出して使うのである．赤ちゃんの言語習得というのは音声言語であれ手話であれ，規則を習得しているのである．

表情やうなずきなどの非手指記号の習得は，手指記号より遅れると言われている．非手指記号は，聴者が外国語として手話を学ぶときにも一番難しいように，ろう児にとっても難しいようである．先ほども述べたように，手話を母語とする育児者は無意識に言語記号としての表情より，感情

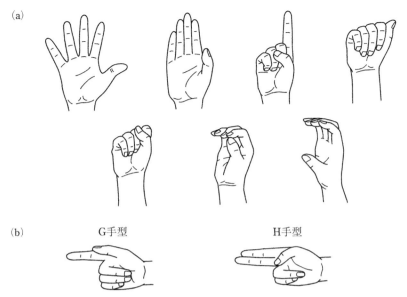

図 1-13　アメリカ手話の無標の手型(a)と G 手型・H 手型(b)

的表情を優先させるのである．ろう児はまず感情的表現の表情を発するようになり，手指記号を習得し始め，その後，非手指記号を習得する．手話の言語的表情やうなずきを発し始める時期には，一度感情表情を減少させる時期があるという．そして手話特有の表情やうなずきを表出するようになっても，始めはタイミングがずれ，表情だけを単独で表したりする．つまり，手指記号と非手指記号をうまく同時に表出できるようになるまでにはかなりの時間がかかるのである (Reilly & Bellugi 1996)．

指差しの発達

　手指記号の特殊なものに「指差し」がある．手話の中では指差しは非常に重要で，自分のことを表す(一人称)場合は自分を指差すなど，音声言語の話者が指示するものを指すのと似た機能もあるが，その他にも代名詞として使われたり，副詞的に使われたり，さまざまな意味があり，文のどこで表すかには複雑な規則のある文法記号なのである．たとえば指差しの違いだけで，「ファックスが壊れた」(図1-14a)というのと「ファックスを壊

(a) ファックスが壊れた。

ファックス　　　　　壊れる　　　　　指さし

(b) (彼／彼女が)ファックスを壊した。

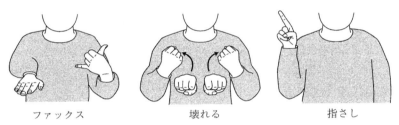

ファックス　　　　　壊れる　　　　　指さし

図 1-14　日本手話の指差し(1)

した」(図 1-14b) という二つの違う文になる．(a) の主語はファックスで，(b) の主語は壊した人である．図 1-15 の「教室に財布を忘れなかった?」では，場所を指す指差しと二人称の指差しが表れている．

このような手話の中の指差しと，聴者が使う指差し(ろう者も手話としてではなく，ただの指差しを使うことはもちろんある)の関係を表す面白い現象を紹介しよう．

そもそも赤ちゃんが言語習得をする過程で，人称代名詞はことばとそれを表す人の関係が固定されていないので結構難しい．「私」は誰をでも指すことができるので，母親は自身のことを「私」と呼び，母親以外の人間も自分を「私」と呼ぶ．「あなた」などの二人称は赤ちゃんにしてみれば，自分であったり，ほかの人がそう呼ばれていたりする．日本語の場合は，

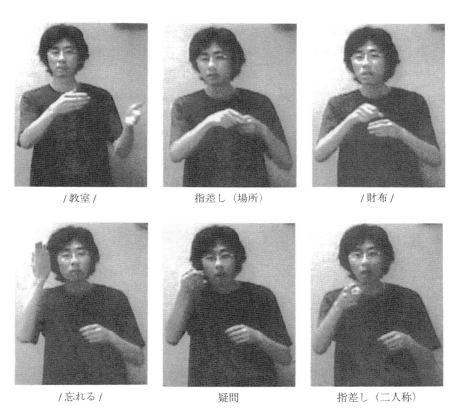

図 1-15　日本手話の指差し (2)

主語を省略することが多く，母親を「あなた」と呼んだり，わが子を「あなた」と呼んだりはしないのであまり目立たないが，英語の場合はっきりと混乱が見えてくる．赤ちゃんが「ジョンがぼくを呼んでいる」と言うときに "John calls you." などと言ってしまう時期があるのである．ちょうどこの時期に手話を母語とする赤ちゃんは，自分のことを指すのに相手の方に人差し指を向けてしまうことがある．自分を指すべきところで，指差しを反転させて相手のほうをうっかり指すなどということは信じ難いことであるが，それをやるのである．その段階までは間違いなく，自分のことは自分に指を向けて指すし，欲しいものがあれば欲しいものを指すし，誰かのことを言いたければその人を指していたのである．そのような指差し

は，聴者にも共通する指差しである．しかし間違って反転した指差しは言語性を持つ人称代名詞であると考えることができる．この反転を見せる直前に，ろう児が指差しをほとんどしなくなる時期があるという．そして反転など混乱しながらも，やがて大人のサイナーと同じように正しく使えるようになるのである．

そもそも指差しとは何かと考えると，自分とコミュニケーションをしている相手とが，何か同じものを見るためのものであり，誰かが何かを指差すことにより周りの人間がそれに注意を向け，指差した人と認識を共有するものである．大人が人差し指自体ではなく，その先にあるものを示しているのだということを赤ちゃんが理解するとき，自分と大人と指差すものの「三項関係」が形成された，という．ことばで話すということも，そのことばが指すものを互いの意識の中で共有しているから成り立つことであり，ことばは抽象的な意味での指差しである．たとえば「雲の上で」と誰かが話すとき，実際には雲の上に行けなくても，あるいは一緒に空を見上げなくても，聞いている人は話者と同じように雲の上に思いをはせることができるのである．

さて，この指差しは人間の身振りによるコミュニケーションの中で最も高度なものの一つであるが，この指差しの発達の起源はどこにあるのだろうか．指差しが目の前のものをつかもうとする行動から発祥したものではなく，コミュニケーションのために発達したものであることの証拠として，正高信男は以下のような実験結果を挙げている（正高 2001）．赤ちゃんに，喜びそうなおもちゃと，怖がりそうなおもちゃと，どちらとも言えないおもちゃを見せると，赤ちゃんは怖がりそうなおもちゃに対しては手をのばさず指差しを増やし，喜びそうなおもちゃの場合は指差しが減って手をのばす行動をとるというのである．またおもちゃに手をのばそうとするときは，そのおもちゃに近づこうとするが，指差しをするときは必ずしも近づかない．届いてしまいそうな場合，わざわざ後ずさりをしてから指差しをすることすらある．

指差しを始める前の時期に赤ちゃんは「指立て」という動作をする．対象物を示すわけではなく，人差し指を立てるだけのこの手の動きは生後3ヵ月頃（クーイングの時期）から見られ，1歳まで増加するが，1歳ごろに

指差しが出現すると激減する．つまり指立ては指差しにとって代わられるのである．正高は次のような実験も行っている（正高 2001）．赤ちゃんが声を上げるたびに母親が返事をするように声をかける場合と，母親が同じ頻度で声をかけるけれども，赤ちゃんの声に無関係に，定期的に声をかける場合という二つの条件で赤ちゃんの行動を調べると，前者のほうが指立ての頻度が歴然と多かったという．また赤ちゃんが発する非言語的音声と言語的音声とに注目すると，指立ては言語的音声と共起することが圧倒的に多いということもわかった．

つまり，赤ちゃんはコミュニケーションの前段階として，あるいはコミュニケーションの練習として指を立てていると考えられる．そしてそれが指差しに変わり，三項関係を形成するようになり，本当のコミュニケーションを実現するようになるのである．それがさらに複雑で高度な規則を持つ記号となったものが，手話の中の指差しと言える．

視線の発達

指差しには視線が伴う．人は指差すときには指し示したい対象物を見る．よく考えてみると，それは自分が見たいから見るのではなく，視線で相手に何を指し示しているかを示すために見るのである．そして指差しを理解する者は指差す人の視線を頼りに，指差されたものが何かを理解しているのである．自分が見るためではなく，コミュニケーションのために使うこのような視線の高度化されたものが，ろう者の手話の中の視線である．この点については，17-18 ページで日本手話とアメリカ手話の例を挙げたように，それぞれの手話の中で視線の使い方の規則があるのである．たとえば日本手話で「彼女が来たのを（見て）知っている」と言うとき，手指動作は「彼女」を表す小指を自分のほうに動かすだけで，あとはその小指を見る視線で表す．それと同じ手指動作で，視線は小指ではなく聞き手を見るならば，「彼女が来た」という事実だけを示す．このように，視線はただ対象物のほうに投げるというだけではないのである．

赤ちゃんは1歳ぐらいで指差しを理解するようになるのだが，同時に指差す人が何を見て指差しているか，つまり視線をも理解しているのである．その証拠に指差すものからわざと視線をそらして，そのものの名前を

教えても赤ちゃんはそのことばをなかなか覚えない．人間の白目の部分が他の動物より多く，黒目の動きがよく見えるのは，何かを見るためだけではなく，他者とのコミュニケーションに視線を使うようになったためであると言われる．どんなに賢い犬でも，飼い主が遠くのものを見ながらそれを指差した場合，視線には注意を向けず，指差した指自体を見る．離れたところから対象物を見ながら指差すという行動を誰かがするとき，その視線を読み取って同じものに注意を向けるというのは非常に高度な行動である．自閉症の子どもはこれが苦手であり，自閉症というコミュニケーションの障害を象徴するものである．自閉症の子どもは必ずしも知能は低くないのに，他者に興味を示さず，他者とうまく関われず，言語発達に遅れがあることが多いが，これは言語が単に記憶力や規則を駆使する能力だけで発達するものではなく，コミュニケーションという人と人とが関わる能力によって発達するものであるということの現れでもある．

ろう者の手話の中の視線は聞き手を見つめるか，斜めを見るか，自分の手を見るかなど，多様であり，聴者が指差しをするとき指すものを見るというのに比べてはるかに複雑な規則を持つ．この規則を習得することは手話習得の中でも最も難しいものの一つで，生まれてから7歳頃までに手話にさらされない者にはきわめて習得が困難である．

身振り言語の研究から普遍文法の探求へ

聞こえない子どもの約90％は聞こえる親を持ち，したがって手話環境にはない．これまで述べた手話習得のさまざまな特徴は，親もろう者であるという手話習得に有利な10％の子どもにあてはまることである．しかもその10％の子どもの親も，実は本当に手話を母語とする親ばかりではない．その親の親，つまりその子の祖父母もろう者である確率はきわめて低い．ろう児の親は長じて手話を学んだ，手話を母語としない人である確率が非常に高い．さらに言えば，聞こえない人には大人になっても手話を知らず，口話(音声言語の読唇と発音)で一生を終える人もいる．ただし，逆に90％の聞こえる親の中にも，手話で子どもを育てようと自ら手話を学んだり，子どもをネイティブ・サイナーと接触させる親もいる．

親が後期学習者，すなわち臨界期以後に手話を習得した人である場合，

そのろう児は7歳で親の手話の文法の不完全さを自ら補い，その手話の能力は親を上回るという．このような場合，親の手話は音声言語と手話のピジン（複数の言語が混じり合ったもの）とも呼べるものであり，それで育ったろう児がそのピジンをクレオール化する（より自然言語に近いものにする）という過程が日常的に生じているとも言える（これについては第2章2節で詳しく述べる）．

一方，周りの大人が手話をまったく知らない場合，一部の口話教育に成功した子どもを除くと，聞こえない子どもは言語を完全には獲得しないし，それに伴う認知・思考も十分に発達しないことが多い．聞こえない子どもが，周りに手話環境がなく，手話を覚えるチャンスがない場合には，ジェスチャーで聞こえる親とコミュニケーションをとることになる．そのときその家庭だけで通じる単語が生まれる．これをホームサインと呼ぶ．

このホームサインの研究も進んでおり，その結果は人間が生得的に普遍文法，すなわちどんな言語にも共通する構造を潜在的に持つことを示唆している．S・ゴルディン-メドウは，聞こえない子どもたちと聞こえる親とがコミュニケーションをとっている様子を観察し，親が単語を出す順番には規則性がないが，子どものほうには規則性が見られることを発見した（Goldin-Meadow 2005）．聞こえない子どもの場合，主語と述語で構成される発話の場合はたいてい「主語─述語」の順になっており，主語と述語と目的語の文は「目的語─述語」となることが多い．しかもこれは周りに存在する言語の構造が違う台湾とアメリカで，まったく同じ結果であったという．日本語の場合，二語文期の赤ちゃんは，「ミルク，飲む」と言うけれども，「飲む，ミルク」「ぼく，ミルク」「ミルク，ぼく」はほとんど出てこない．しかし音声言語の場合，周りの大人の発する言語に影響される可能性があるので，これを直ちに普遍文法と呼ぶわけにはいかない．しかし親が手話を知らない聴者である場合に，聞こえない子どもは言語規則を見たり聞いたりすることがないので，このような子どもたちが生み出すホームサインの規則に普遍文法が現れていると考えてよさそうである．音声言語を持たない子どもが自然に身振りに規則性を持たせることは，人間が視覚言語を生み出す力を見せてくれる現象である．すでに述べたように，聞こえない赤ちゃんは手による喃語を生み出すのであるが，これは手話の音

素になり得る手型である．そしてホームサインの規則は，手話の文法になり得る規則である．

　聞こえている親は，子どもが言語的規則を持つジェスチャーを発しているのに気づかず，自らは言語的規則のないジェスチャーを出し続けるにもかかわらず，聞こえない子どもは親のジェスチャーの中の単語と言うべき部分をまねて，それを自ら生み出した規則通りに並べていくのである．このような状態の子どもたちが一堂に会すると，6～7歳以下の子どもたちの間で，同じ意味を持つ各々の単語が次第に統一され，語順などの文法的要素はさらに言語化され，やがて自然な手話が生まれることがわかった．これは実際にニカラグアで観察された (Goldin-Meadow 2005)．

　ニカラグアでは1980年までろう学校がなく，ろう者のコミュニティーもなく，聞こえない子どもは家族とジェスチャーでコミュニケーションをとるか，口話を教えられていた．前者の場合，子どもは親のジェスチャーより規則性を持ったジェスチャーを発するようになるが，後者の場合は，親がジェスチャーを抑える傾向が強く，子どもはホームサインを発達させないので，後に手話を獲得することも難しい．各々別のホームサインを持った子どもたちはろう学校に集められると，それをより言語らしい「共同ホームサイン」とでも呼べるものに変化させていったという．その後，すでに共同ホームサインがある状況に入学してきた7歳以下の子どもたちは，それをさらに複雑な規則をもつ言語らしい手話にした．このように次々新入生が手話を複雑にしていったものが，現在の「ニカラグア手話」である．このようにニカラグアでは手話の発生過程とも言えるものが観察できたのである．興味深いことに8歳以上になって初めて学校に入った子どもや，在校時間が極端に短い(2時間程度)子どもは，共同ホームサインを見てもそれ以上言語化させることができなかった．

　ホームサインでは文を一人称でしか表現できないが，共同ホームサインでは体を移動させることによって空間が区別されるようになり，複数の人間を主語とする空間が表せるようになる．さらに次の段階では，頭や肩の動きだけで主語を変えることができ，他者からの視点で物事を表すこともできるようになる．つまり誰を主語にしても表せるようになるのである．またホームサインでは体の動きを表す場合，そのままあたかもその人がそ

の動きをしているように動くのであるが，共同ホームサインになると，手だけで行動の主体者を表せるようになり，たとえば足の動作を表すのにも実際に足を動かすのではく，手を足になぞらえて動かすようになる．また行動の対象物(目的語)にあたるものも指差すのではなく，手のサインで表すようになる．

　何かを表す手の形や動きは，習慣的に固定されていき，すなわち記号化されるのである．ホームサインでは一つの単語が全体の意味を決定するのだが，共同ホームサインではいくつかの単語が連なって一つの意味を表す，つまり合成語生成のシステムができる．また文脈に頼らず，規則によって語順が決まるようになる．さらに7歳以下の子どもたちがこれを見て育つと，使ってはいけない手の形，動き，方向，位置ができてくる．つまり音素が確定してくるのである．こうして習慣的かつ恣意的な記号の体系ができるのである．人称，格などの呼応や相(aspect)や拘束形態素(独立して現れることはない形態素)が出現する．前の単語と次の単語がつながる同化や，削除・挿入など単語を早くスムーズに出すための工夫とも言える規則が出現し，発話に有利であれば必ずしも表したい物事の必然的な順番と同じではない語順が規則として固定される．

　S・カットセフはニカラグアの子どもたちの数字の表し方の変遷を発表した(Katseff 2004)．それによると，1983年にろう学校に入学した人たちは，すでに現在大人になっているが，彼らの数字の表し方は図像的，つまり15ならば指15本分で表す(図1-16a)．1983-90年に入学した二代目にあたる人たちは十進法的な表し方をし，たとえば15は10と5というふうに表す(図1-16b)．そして1991年以降に入学した子どもたちの手話では15が語彙化して一つの単語が確立されている(図1-16c)．語彙化されると，その規則を知らなければ意味がわからないが，一義的に意味が決まるのでその規則を知っているもの同士では誤解はない．(a)(b)のやり方では誤解もあり得る．たとえば(b)は15かもしれないし6かもしれない．(a)のやり方では一目瞭然に誰にでもわかるが，数が多くなったとき表しようがなくなる．

　ニカラグア手話の発生から言えることは，臨界期以前のろう児が複数集まり，十分な時間一緒に生活すれば，完全な言語にさらされなくても，聴

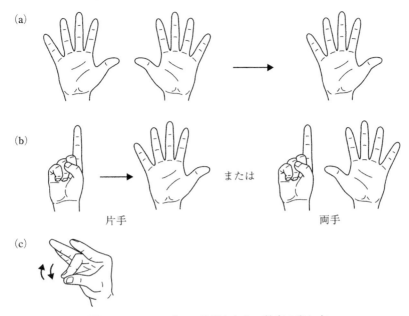

図 1-16 ニカラグアの子どもたちの数字の表し方

者である親のジェスチャーのように意味を持つ記号がインプットされるだけで，それを使って言語を生み出していくということである．

　以上見てきたように，人間は何か物理的な目的（触る，摑むなど）がある場合に手を動かすだけでなく，ジェスチャーのようにコミュニケーションのためにも手を動かす．特に指差しは音声言語の代名詞と同じように，話者と受け手（聞き手）が認知を共有するために使っている．同様に何かを見るために視線を向けるだけでなく，他者と同じものに注目するために，つまり認知を共有するために視線を使う．指差し以外の手指動作も何かを表現するために意識的・無意識的に使っている．そしてその使い方の中には言語としての規則，つまり文法が生まれる可能性があるのである．口の運動や呼吸も食べるためや呼吸するためだけでなく，しゃべるためにも使うのと同じである．手の動き・指差し・視線の発達は音声言語の発達と渾然一体となって現れ，赤ちゃんのときにすでに言語化する可能性を見せている．ろう者の手話には手指動作・指差し・視線の最も高度に言語化された

ものが表れているのである.

　私たちは音声言語を「言語的コミュニケーション」,身振りを「非言語的コミュニケーション」とし,対立概念として長年研究してきた.しかしろう者の手話が言語と認められ,科学的に分析されるようになってから,身振りは必ずしも「非言語」的なものばかりだとは言えなくなった.

　音声言語と身振りが対立概念ではないということを感じさせる面白い現象がある.いままで音声言語しか言語と見なさなかったために,一つの単語を発するようになる時期の次は二語文期というふうに言語習得のプロセスが考えられてきたが,実はこの二つの時期の間に,もう一つ「指差しプラス音声による一語」という時期があるのである.赤ちゃんは最初は犬を指差して「わんわん」と言うように,一つのレファレンス(対象物)を指差しと音声で表すことしかしないが,二語文期直前に,犬を指差して「こわい」とかミルクを指差して「ほちい」などと言う時期がある.S・ゴルディン-メドウとC・ブッチャーは一つの単語を発する時期から二語文期の月齢の赤ちゃんを集めて,音声言語とジェスチャーの表し方をビデオにとって統計的に分析した (Goldin-Meadow & Butcher 2003).そしてこの「指差しプラス音声による一語」に注目し,赤ちゃんがジェスチャーと音声言語で別の事物を示していても,それら二つは意味的には結びついていて,一つのジェスチャー-スピーチ・システム (unified gesture-speech system) を表出しているのであると結論づけた.つまり,内容的には二語文期に表す二語の発話と同じであるが,音声か視覚記号かというモーダリティーが統一されていないのである.この一つの音声言語と,別の意味を持つもう一つのジェスチャーで何かを意味する行動は,その後音声言語だけの二語文期に取って代わられることもわかった.つまり人間はあることを表出しようとするとき,音声言語と身振りの両方のモーダリティーを使うことを赤ちゃんの時期にやっているということである.手話と音声言語のバイリンガルの子どもも,幼いうちにはコード・シフト(文から文に移るときモーダリティーを変えること)やコード・スイッチ(文の途中でモーダリティーを変えること)をして,二つのモーダリティーが完全に分化していないかのような言語行動を見せる (Messing 1999).このようにしてみると,聞こえる人がジェスチャーを音声言語と共起させるのは当然だと思えてくる.

この章では手話が言語であることのさまざまな証拠を示しつつ，手話の言語としての特徴を紹介した．また手話研究を通して明らかになってきた，音声と身振りや表情などの発達，コミュニケーションの手段としてそれらがもつ意味，モーダリティーによらない言語の本質を探ってみた．

　私たちが，言語とは音と意味とを結びつける多重構造を持った記号の体系である，ということを前提として言語研究をしてきたことは，必ずしも言語の本質を捉えていなかった．手話という，身振りなどの視覚記号と意味とを結びつける多重構造を持った記号の体系もあるからである．しかし，実は言語には視覚記号と聴覚記号の二つのモーダリティーがあると言ってもまだ十分ではない．なぜなら盲ろう者の触手話というものもあるからである．これについては第3章に譲りたいと思う．人間は，相手がどう理解するかを意識的あるいは無意識に感じながら，自分の体を使ったさまざまなモーダリティーでコミュニケーションをとる能力を持っているのである．そのことを手話は教えてくれるのである．

[参考文献]

Baker-Shenk, C. & D. Cokely, 1980, *American Sign Language*, Clerc Book, Gallaudet University Press.

Bavelier, D. et al., 1998, "Hemispheric Specialization for English and ASL: Left Invariance——Right Variability", *Neuro Report*, 9, 1537-1542.

Bellugi, U., Q. Tzeng, E. S. Klima & A. Fok, 1989, "Dyslexia: Perspectives from Sign and Script", in A. Galaburda (ed.), *From Reading to Neurons*, the MIT Press, 137-171.

Belmont, J., M. Karchmer & J. W. Bourg, 1983, "Structural Influences on Deaf and Hearing Children's Recall of Temporal/Spatial Incongruent Letter Strings", *Educational Psychology*, 33-4, 259-274.

Code, C., 1987, *Language, Aphasia and the Right Hemisphere*, John Wiley and Sons Ltd.

Corina, D. P., 1989, "Recognition of Affective and Noncanonical Linguistic Facial Expressions in Hearing and Deaf Subjects", *Brain and Cognition*, 9, 227-237.

――――, 1998a, "Aphasia in Users of Signed Languages", in P. Coppens, Y. Lebrun & A. Basso (eds.), *Aphasia in Atypical Populations*, Lawrence Erlbaum

Associates, pp. 261-310,

―――――, 1998b, "The Processing of Sign Language: Evidence from Aphasia: Evidence from Aphasia", in B. Stemmer & H. A. Whitaker (eds.), *Handbook of Neurolinguistics*, Academic Press, pp. 313-329.

―――――, 1999, "Neural Disorders of Language and Movement: Evidence from American Sign Language", in L. S. Messing & R. Campbell (eds.), *Gesture, Speech and Sign*, Oxford University Press, pp. 27-43.

―――――, 2000, "Some Observations on Paraphasia in American Sign Language", in K. Emmorey & H. Lane (eds.), *The Signs of Language Revisited: An Anthology to Honor Ursula Bellugi and Edward Klima*, Lawrence Erlbaum Associates, pp. 493-508.

Corina, D. P., U. Bellugi & J. Reilly, 1999, "Neulopsychological Studies of Linguistic and Affective Facial Expression in Deaf Signers", *Language & Speech*, 42, 307-331.

Corina, D. P., S. L. McBurney, C. Dodrill, K. Hinshaw, J. Brinkley & G. Ojemann, 1999, "Functional Roles of Broca's Area and Supramarginal Gyrus: Evidence from Cortical Stimulation Mapping in Deaf Signer", *NeuroImage*, 10, 570-581.

Corina, D. P., H. Poizner, U. Bellugi, T. Feinberg, D. Dowd & L. O'Grady-Batch, 1992, "Dissociation between Linguistic and Non-linguistic Gestural System: A Case for Compositionality", *Brain and Language*, 43, 414-447.

Emmorey, K., 2002, *Language, Cognition, and the Brain*, Lawrence Erlbaum Associates.

Emmorey, K. & D. P. Corina, 1993, "Hemispheric Specialization for ASL Signs and English Words: Differences between Imageable and Abstract Forms", *Neuropsychologia*, 31, 645-653.

Goldin-Meadow, S., 2005, *The Resilience of Language: What Gesture Creation in Deaf Children Tell Us about Children Learn Language*, Psychology Press.

―――――, 1999, "The Role of Gesture in Communication and Thinking", *Trends in Cognitive Sciences*, 3(11), 419-429.

Goldin-Meadow, S. & C. Butcher, 2003, "Pointing toward Two-word Speech", in S. Kita (ed.), *Pointing*, Lawrence Erlbaum Associates.

Goodwin, C., 2000, "Gesture, Aphasia and Interaction", in D. McNeil (ed.) *Language and Gesture*, Cambridge University Press, pp. 84-98.

Grossi, G., C. Semenza, S. Corazza & V. Volterra, 1996, "Hemispheric Specialization for Sign Language", *Neuropsychologia*, 34, 737-740.

Haglund, M. H., G. A. Ojemann, E. Lettich, U. Bellugi & D. P. Corina, 1993, "Dissociation of Cortical and Single Unit Activity in Spoken and Signed Languages", *Brain and Language*, 44, 19-27.

Hellige, J. B., 1993, *Hemispheric Asymmetry: What's Right and What's Left*, Harvard University Press.

Hickok, G., E. S. Klima, M. Kritchevsky & U. Bellugi, 1995, "A Case of 'Sign Blindness' Following Left Occipital Damage in a Deaf Signer", *Neuropsychology*, 33, 1597-1606.

Hickok, G., M. Kritchevsky, U. Bellugi & E. S. Klima, 1996, "The Role of the Left Frontal Operculum in Sign Language Aphasia", *Neurocase*, vol. 2, 373-380.

Masataka, N., 1998, "Perception of Motherese in Japanese Sign Language by 6-Month-old Deaf Infants", *Developmental Psychology*, 34, 241-246.

McGuire, P., D. Robertson, A. Thacker, A. S. David, N. Kitson, R. S. J. Frackovwiak & C. D. Frith, 1997, "Neural Correlates of Thinking in Sign Language", *NeuroReport*, 8(3), 695-697.

Messing, L. S., 1999, "Two Modes: Two Language?", in L. S. Messing & R. Cambell (eds.), *Gesture, Speech, and Sign*, Oxford University Press, pp. 183-199.

Michael, E. B., T. A. Keller, P. Carpenter & M. A. Just, 1999, "An fMRI Study of Visual and Auditory Sentence Comprehension", *Abstracts of the Psychonomic Society*, 4, 14 (No. 93).

Morford, J. P. & J. A. Kegl, 2000, "Gestural Precursors to Linguistic Constructs: How Input Shapes the Form of Language", in D. McNeil (ed.), *Language and Gesture*, Cambridge University Press, pp. 359-387.

Morford, J. P. & R. I. Mayberry, 2000, "A Reexamination of 'Early Exposure' and It's Implications for Language Acquisition by Eye", in C. Chamberlain, J. P. Morford & R. I. Mayberry (eds.), *Language Acquisition by Eye*, Lawrence Erlbaum Associates, pp. 111-127.

Newport, E. L., 1988, "Constraints on Learning and their Role in Language Acquisition", *Language Sciences*, 10(1), 142-172.

Nishimura, H. et al., 1999, "Sign Language 'Heard' in the Auditory Cortex", *Nature*, 397, 116.

Pettitto, L. A. & P. F. Marentette, 1991, "Babbling in the Manual Mode: Evidence for the Ontogeny of Language", *Science*, 251, 1493-1496.

Petitto, L. A., R. J. Zatorre, E. Nikelski, K. Gauna, D. Dostie & A. C. Evans, 1998, "By Hand or by Tongue: Common Cerebral Blood Flow Activation during Language Processing in Signed and Spoken Language", *NeuroImage*, 7(4), S193.

Poizner, H., E. S. Klima & U. Bellugi, 1987, *What the Hands Reveal about the Brain*, MIT Press.

Reilly, J. S. & U. Bellugi, 1996, "Competition on the Face: Affect and Language in ASL Motherese", *Journal of Child Language*, 23, 219-236.

Sakai, K. L., Y. Tatsuno, K. Suzuki, H. Kimura & Y. Ichida, 2005, "Sign and Speech: Amodal Commonality in Left Hemisphere Dominance for Comprehension of Sentences", *Brain*, 128, 1407-1417.

Stokoe, W. C., 1978, *Sign Language Structure*, (Original, 1960), Linstok Press.

Stokoe, W. C., 2000, "Gesture to Sign (Language)", *Language and Gesture*, Cambridge University Press, pp. 388–399.

Strong, M. (ed.), 1988, *Language Learning and Deafness*, Cambridge University Press.

Strong, M. & P. Prinz, 2000, "Is American Sign Language Skill Related to English Literacy?", in C. Chamberlain, J. P. Morford & R. I. Mayberry (eds.), *Language Acquisition by Eye*, Lawrence Erlbaum Associates, pp. 131–141.

Talbot, K. F. & R. H. Haude, 1993, "The Relationship between Sign Language Skill and Spatial Visualization Ability: Mental Rotation of Three-dimensional Objects", *Perceptual and Moter Skills*, 77, 1387–1391.

Weber-Fox, C. M. & H. J. Neville, 1999, "Functional Neural Subsystems are Differentially Affected by Delays in Second Language Immersion: ERP and Behavioral Evidence in Bilinguals", in D. Birdsong (ed.), *Second Language Acquisition and the Critical Period Hypothesis*, Mahwah, NJ: Lawrence Erlbaum Associates, pp. 23–38.

市田康弘, 1997,「ろう者と視覚」, 日本記号学会(編)『感覚変容の記号論』(記号学研究 17), 71–86.

─────, 2001,「日本手話の非手指動作の基本タイプについて」『日本手話学会第 27 回大会予稿集』16–19.

市田泰弘, 江藤雄二, 2000,「非手指副詞と強弱表現」『日本手話学会第 26 回大会予稿集』16–17.

木村晴美, 市田泰弘, 1993,「日本手話における非手指動作 (2)──副詞的用法」『日本手話学会第 19 回大会予稿集』.

─────, 1998,『はじめての手話』日本文芸社.

斉藤くるみ, 1993,「手話と音声言語の関係について」『ICU 英語研究』3, 1–23.

─────, 2000,「手話使用の大学生の視覚認知と言語能力の関係」『日本社会事業大学研究紀要』47, 145–162.

─────, 2003,『視覚言語の世界』(改訂増補, 2005), 彩流社.

鳥越隆士, 1995,「ろう児は手話をいかに獲得するか──第一言語としての手話獲得過程」『手話学研究モノグラフ』5, 1–61.

─────, 2000,「聴覚障害児の手話の発達」, 久保田競(編)『ことばの障害と脳のはたらき』ミネルヴァ書房, 175–222 頁.

中博一, 1991,「両手手話における音韻的共起制約について」『手話学研究』12, 1–14.

正高信男, 2001,『子どもはことばをからだで覚える』中公新書.

森壮也, 1996,「手話の変種, 異なる手話, そこからの果実」『手話コミュニケーション研究』22, 16–24.

(学会発表)

Katseff, S., 2004, "From Symbol to System: The Development of Number Signs in Nicaraguan Sign Language", TISLR, 8 (国際手話学会第 8 回大会, バル

セロナ).
McCullough, S. & K. Emmorey, 2004, "The Neural Systems Underlying the Recognition of Linguistic and Emotional Facial Expressions", TISLR, 8（国際手話学会第8回大会，バルセロナ）.

第2章

マジョリティー言語に囲まれる手話

これまでに手話というものの特徴を述べてきた．脳との関係や言語発達の観点から，手話が言語であることは明確になったと思う．手話は音声言語と同様に，それぞれの国や民族の中で自然に生まれた言語である．それらの自然に生まれた手話は互いに外国語である．アメリカ手話の話者と日本手話の話者は話が通じないし，アメリカとイギリスは同じ英語圏の国であるにもかかわらず，アメリカ手話とイギリス手話は別の言語であり，互いに通じない．

　別の手話を持つろう者たちは，別の言語を持つという意味で，それぞれ別の文化を持つと言える．さらに手話者はある音声言語を持つマジョリティーの社会の中で生きているので，その文化も持っている．たとえば日本手話を話すろう者は，日本のろう文化を持つと同時に広い意味の日本文化も持っている．しかし，ろう者は自分が生きる国，あるいはコミュニティーの文化も持つとはいえ，その文化の中の音に関連することは必ずしも持っていない．

　一方，ろう者の文化は音のない視覚中心の文化であり，そのことはどの国，あるいはどの民族の手話者にも共通している．さらに手話という言語の特徴は，手話を話す人の思考に影響を与えると言われる．音声言語しか持たない聴者とは違って，空間を活用する手話というものを使う人は立体的な思考をすると言われる．つまり世界中のろう文化には共通点がある．

　もう一つ注目すべきことは，手話とろう文化は親から子へと確実に伝わるものではないということである．10人のろう児のうち9人は親が聴者である．そのようなろう児は親から手話とろう文化を習うのではなく，ろう者を親に持つろう児から習うことが多い．そして生まれながらに手話を母語とするネイティブ・サイナーは10人に1人であり，ろう文化集団のごく一部である．つまり生まれながらにろう文化の中で育つろう者は数から見ればマイノリティーの中のマイノリティーなのである．

　この章では手話とろう文化の特徴について，手話と音声言語との関係を通して考えてみたい．

1── 手話とろう文化の継承

ろう文化と連帯

　2005年2月1日の『日本聴力障害新聞』には「スマトラ沖地震(12月26日発生)ろう者の安否は?」と題して,「スリランカ[…]一部の情報では,ろう協の役員や家族が多数なくなったとの報告が寄せられています」「マレーシアろう協のサリアさんからの情報によると,いまのところ,ろう者で死者の情報はありません」「インド──ケーララ州ティルバナンタプラムのろう児・者教育団体関係者もまったく被害は受けていないという連絡がありました」などとアジア各地のろう者を心配する記事が載っている.このようにろう者は,世界中のろう者を特別な仲間と考えている.

　現在,世界ろう連盟(World Federation of the Deaf, WFD)というものもあるし,日本で世界ろう連盟アジア太平洋地域代表者会議が開かれたりしている.デフリンピックというろう者の国際的スポーツ大会もある.

　ろう者には世界中のろう者を仲間と感じる人が多い.それはろう者が手話という視覚言語を使う人たち特有の,そして視覚中心の音のない世界に生きる人たち特有の,アイデンティティーを持っているからである.またろう文化は音声言語話者というマジョリティーに囲まれているマイノリティーの文化であること,必ずしも確実に親から子へと伝わらない文化であることも世界のろう文化が共通に持っている要素である.そして,ろう文化にはろう者の特殊な視覚認知能力(第1章1節参照)という生理的必然も影響を与えている.

　また,ろう文化は「手」の文化でもある.ろう者は何よりも手話を持つ人間としての連帯意識を強く持つ.彼らにとって手は特別な意味をもつ.人の唇や声から聴者が受ける印象とろう者が受ける印象とでは違うであろうし,人の手からサイナーが受ける印象と手話を自分の言語としない人が受ける印象も違うであろう.世界中のろう文化にはこのように共通の特徴がある.これが,ろう文化を持つ人同士が国境を越えて家族のような強い絆を感じる所以である.

　手話者は同じ地域に集まって暮らすわけではない.そして聞こえない人

はほぼ一定の確率（約 0.3% と言われる）で存在する．このようなことも，ろう文化の特徴である．手話に接することなく育って，自分の意志で手話を覚えてろうコミュニティーに入ってくる人も多く，中途失聴者という人生の途中でろうコミュニティーに入ってくる人も多い．このような多様な構成もろう文化に共通する．

　人はそれぞれに民族的・文化的アイデンティティーを持っているが，マジョリティーの一員である場合，そのことをあまり意識しない．私たち日本人でも外国に行ったりすると，ことばが通じなくて突然不利益や不便を感じ，それでも日本人であることに誇りを感じることがある．ろう者は聴者主導の社会の中で，いつもそのような感情をいだいて生きているのかもしれない．日本人が外国にいるとき，日本語の通じる人がいると仲良くなるだろうし，日本人が何人かいればグループを作るかもしれない．そして仲間が増えれば日本人コミュニティーができるかもしれない．日本語が通じるということだけでなく，日本人同士には共有する知識・考え方・感じ方があり，互いによく似た意識的・無意識的マナーがある．つまり，日本文化を共有しているのである．

　ろう者には手話という言語があるので，それを共有する人たちが自分たちは同じ文化を持つ仲間だと感じるのも，手話を知らない聴者を異文化の人と感じるのも当然である．しかし，それだけではない．音のある世界と音のない世界に生きる者の違いは，その文化にいっそう大きな違いを生み出しても不思議ではない．手話使用者は特別な視覚認知能力を持っていると述べたが，ろう者には世界が聴者とは違って見えているということである．ろう者は音重視の聴者社会でさまざまな不便を感じながら生きているので，この認知の違いを感じることができるであろうが，マジョリティーである聴者にはなかなか感じるチャンスがない．手話を学ぼうとして，ろう者同士の手話を自分だけなかなか読み取れないときや，手話者の視覚情報を記憶する能力に驚かされるとき，初めてろう者の視覚のよさに気づくのである．このことがろう者特有の視覚的芸術を生むことは想像に難くない（第 4 章参照）．

　ろう文化が国や民族の違いを越えて共通性を持つということは，聴者からマイノリティーであるろう者を見るときに感じることであり，ろう者か

ら見れば，音重視の世界に生きる聴者の文化は国や民族の違いを越えて共通点を持つと感じるかもしれない．同様に全盲の人々の文化も視覚情報のない文化として国や民族を越えて共通点があるであろうし，車椅子の人たちもその他の人とは視線の違う文化を持っているであろう．このような考え方は障害者を欠陥のある人としてしか見ないマジョリティーの理解が，完全なものではないということを教えてくれる．バトラー（Butler 1989）やコールマン&デパウロ（Coleman & DePaulo 1991）は，障害者と健常者の，あるいは若い人と高齢者とのコミュニケーションにおけるぎこちなさや誤解は異文化コミュニケーションの問題であるとする．「障害」というのはマジョリティーの社会で生きることに障害があるのであって，たとえば皆が手話で話している場所にいけば，手話のできない，あるいは手話の下手な聴者は障害者となる．真っ暗なところで何かをするなら晴眼者はたちまち障害者となり，視覚障害者が援助者となるであろう．

　世界各地の聴者社会の中でろう者が生きてきた歴史には，聴者が音のない世界を理解しないことによる苦労や不利益という共通点もある．そして何よりも手話という視覚言語に誇りを持つということ，これがろう者を国際的文化集団たらしめているのである．したがって，それぞれの国や民族の文化の違いを持つとはいえ，ろう者は国際的なろう文化も持つのである．最近，日本のろう者とアジア諸国のろう者のつながりが強くなってきている．国際的交流の中で，別々の手話を持つろう者の間で共通語のような手話が生まれる可能性も見えてきた（第3章2節参照）．アジアの共通手話，ヨーロッパの共通手話などができる可能性もある．

ろう者のアイデンティティー

　「作られたろう児――アメリカ同性愛者が出産」，2002年5月1日の『日本聴力障害新聞』にこのような記事があった．ろう者でレズビアンのカップルが，人工授精でろう児を作ろうとしたというのである．このカップルは以前にも人工授精により女児をもうけており，生まれた子はろう児であった．そこで二人目も確実にろう児になるように，ろう者の精子を探したが，一般の精子バンクでは協力が得られなかったために，個人的にろう者の精子の提供を受けた．ところが生まれた子どもは補聴器をつけて聴

覚訓練をすれば，ある程度聞こえる難聴児であった．そこでこのカップルは第二子も補聴器に頼らず，ろう児として育てることにしたというのである．

　この記事を大学の授業で読ませると，手話のできる学生や手話について授業で教わったことのある学生はあまり反発しないが，ほとんどの学生は反発する．まず反対意見として挙がるのは，次のようなものである．

「子どもを人工的に作るのはよくない」
「生まれてくる子どもがどんな子かを親の好みで決めるのは倫理的に間違っている」
「自分たちろう者と同じに育てたいなんて子どもの幸せは考えていない．子どもが苦労するに決まっている」
「親のエゴだ」
「障害者を文化集団として認めろというのは無理な話だ．障害を受容させるべきだ」
「障害者を望む気持ちが理解できない」
「わざわざ障害者を作るなんて生まれてくる子どもの身になって考えていない」
「聞こえる可能性があるのに，それをのばそうとしないなんておかしい．子どもの可能性はのばすべきだ」
「障害はその人の個性であると考えるべきで，とりたてて意識すべきではない．あえてある障害を選別して人工的に作ろうとすることはその障害を特別視し，差別していることになる．」
「夫婦，子ども，皆ろう者であると強い仲間意識が芽生え，さらに聴者とのギャップが生じてよくない」

　賛成意見としては「二人の自由だ」「幸せにしようと思って望んで産むのだから悪い結果にはならないと思う」「自分と同じような子どもがほしいという気持ちはわかる」などがある．
　反対する学生の主張について考えてみよう．ここで非難する学生の理由には，四つの問題が混在している．第一に人工的に子どもをもうけるとい

う問題，第二に精子の選択の問題，第三にろう者を望むという問題，そして第四に産まれてきた難聴児をろう者として育てるという問題である．

　第一の点，すなわち人工的に子どもをもうけることの是非は生命倫理の問題であり，どこまで人間が自由にコントロールしてよいのかは議論の余地がある．しかし，これはろうの問題と直接関係はない．もし人工的に子どもを作ることを是とするならば，というよりもすでに止められない状況であり，認めるしかないとするならば，次に第二の問題，つまり精子を選ぶことの是非が問題となる．これもろう者であるかどうかとは直接関係ない．生まれてくる人間の遺伝子を選ぶことを是とするか非とするかである．もしも精子を選ぶことが是となれば，どんな精子を選ぶか，どのような子を望むかは人それぞれであり，どういう子を望む親は正しくて，どういう子を望む親は正しくないなどということは，誰かがそう簡単に決められることではない．実際，アメリカの精子バンクでは肌の色や髪の毛の色などで精子を分けて，なるべく親と似た子どもが生まれるような配慮をするのが，生まれてきた子どものためであるという考え方もある．肌の色などが違って，不幸な結果になる可能性は高いからである．養子をもらうとき，子どものアイデンティティー・クライシスを防ぐため，あるいは親子関係の軋轢を避けるために，自分たちの子どもとしてどのような子がふさわしいかを選ぶことをよいというならば，精子も選んだほうがよいということになる．もし選ぶ自由を認めるならば，選ぶのはやはり親である．別の力が，このような子どもを増やせ，このような子どもは産むなというほうがよほど危険である．

　問題はこの記事がろう児を望んだのでなければ，それほど非難されるであろうかということである．アメリカにいる日本人が日本人の精子を求めたという記事ならば，学生はこれほど反発しただろうか．やはり第三の問題が根底にある．つまり本当はろう者を産むことに反発しているのである．聞こえない子どもは不幸になると思うならば，それはろう者が不幸だと信じていることにほかならない．

　さらに，障害者をあえて作ることが問題だとはっきり言う学生もいる．ろう者を産もうとすることがいけないというのである．こう言われれば，ろう文化に誇りをもつ人々は自分たちの存在を否定されているような気が

するであろう．

　ろう者のそのような気持ちを，俳優で演出家，映画監督としても有名な米内山明宏は「ろうを否定する思想にNO」(『朝日新聞』1999年10月8日付朝刊）で述べている．これは，1999年，厚生省（当時）が聴覚障害を早期に発見し，早期に音声言語の訓練を始めることで，言語獲得に効果があり，普通学級に通うことのできる子どもが増えるという理由から新生児に聴覚検査を導入したことに対する見解である．米内山は，聴覚障害を早期に発見し，早期に手話を習得できるならば聴覚検査は歓迎すべきであるとしながら，「ろう学校に通うより普通学級に通うほうが絶対にいい」「耳の聞こえない人生より耳の聞こえる人生のほうが絶対にいい」と信じている聴者に対して，次のように述べている．

　　私たちろう者は耳が聞こえない者という以上に，手話という言語を母語とし手話を共有する仲間とともに生きる者たちです．社会的な抑圧にさらされることも多いですが，仲間たちと手話で語り合う時，私たちはどこにでもいる，自らの人生を楽しむ人間たちの一人です．[…] ろう夫婦の中には，自分たちの子どもとしてろうの子どもが欲しいと明言する人もたくさんいるのです．[…] 多くの場合，ろう学校ではろう者の母語である手話が認められていません．[…] ろう者は学校で手話を禁じられ，聴者（耳の聞こえる人）のふりをするよう教育されてきました．その結果，十分な教育を受けられず低学力に甘んじてきました．多くのろう者は，ろう学校教育に対して恨みにも似た感情を持っているはずです．

　　一方でろう学校は，ろう者が同じ仲間と出会い，ともに過ごす場所でもあります．大半のろう者は家族の中でたった一人のろう者です．そうしたろう者にとって，ろう学校の子ども集団は家庭であり，社会であり，自分らしくふるまえる唯一の場所なのです．先生や親がどんなに手話を禁じても，子どもたちは集団の中で手話を覚えます．そして，その手話が母語となり，仲間を作り，社会への窓を開いてくれるのです．

　　ろうの子どもをろう学校に通わせず普通学級に通わせるということは，仲間から引き離し，手話を習得できる環境から切り離すことです．[…] 本当に「耳が聞こえない子どもは，訓練をして少しでも聞こえるよ

うになった方がいい」のでしょうか．そんなことは当たり前だと思われるかもしれません．けれども，そのような考え方がどれだけろうの子どもたちを苦しめてきたか．「訓練」が子どもたちから子どもらしく生きる時間を奪い，「もう少しがんばれば」という思いが結果として学力を奪い，「がんばっても聞こえるようにはならなかった」子どもたちから人間としての誇りや自信を奪ってきたのです．[…] ろうの子どもたちの将来について考える際には，私たちろう者の声に耳を傾けて下さることを切に希望します．

　この最後の一文に，マジョリティーははっとさせられるであろう．マジョリティーは自分たちのことを決めるときに，自分たちが参加しないなどということはほとんどないが，マイノリティーについて何かが決まるときには，当事者不在になることが多い．耳の聞こえない子を聞こえるようになるよう努力するのは，たいてい聞こえる人たちである．聴力を得るために人工内耳を開発した人も推奨する人も，聞こえる人たちである（第5章3節参照）．

　「作られたろう児」の記事を読んで反対する学生にこの米内山の記事を読ませると，彼らはこの問題をマジョリティーの立場でしか見ていないことに気づき始める．マジョリティーは，自分たちが中立であり，客観的であり，正しいと信じてしまいがちである．しかし，マジョリティーは多数であるから立場が強くなり，その意見が社会では基準となっていくのである．それが本当に正しいかどうかをマジョリティー自身が疑うことはあまり期待できない．

　そもそもこの記事によると，精子を選べる状況の中で，ろう者がろう者の精子を希望してもそれには応じられなかったのである．もし，ろう者の精子を提供しないということが当然の対応とされているのであれば，この精子バンクというものは優生思想に基づいていると言える．つまり，新しい生命を選んで作るということが，マジョリティーの価値観に基づいて進んでいるのである．少なくとも，ろう者というマイノリティーの価値観と一致していないことは間違いない．つまり，学生が反対する理由と，精子バンクがろうの精子を提供すべきでないとする理由は全く同じところにあ

るのである．ようするに，マジョリティーである聴者は，ろう者というマイノリティーを不幸な人だと信じているのである．このようにマジョリティーの価値観に偏ってしまうから生命を人工的につくることは危険なのだと非難されれば，その通りである．しかし，そのような非難はこの記事に反発する人たちからは出てこない．ろう者の精子など提供できないと，あたりまえのように言われれば，ろう者は反発するのだということを考えてみることが，マジョリティーの価値観は多様な価値観の中の一つにすぎないことに気づかせてくれる．

　「障害はその人の個性であると考えるべきで，とりたてて意識すべきではない．あえてある障害を選別して人工的に作ろうとすることはその障害を特別視し，差別していることになる」という論理も，「障害」を「日本人であること」などに置き換えて成り立つだろうか．もしも日本人の人口が減ってこのままでは絶滅するかもしれないということになったら，日本人は人工授精などの手段を使っても日本人を残したいと思わないであろうか．人工内耳などの技術が進歩すれば，聴者はろう児を聴者に変えてしまうであろう．実際そうなりつつあるのである．ろう者の子どもがろう者である確率は低いのだから，聴者から生まれたろう者が聴者に変わるならば，ろう文化や手話を維持していくことはますます難しくなるであろう．個性をあえて作ろうとするのはよくないというこの学生は，その個性がろうであるから，そう感じているのではないだろうか．個性をあえて作ろうとするという問題は次の第四の問題にもつながる．

　第四の問題は，生まれてきた子どもをどう育てるかである．これも基本的には親が決めることであり，子どもを育てるということは，多かれ少なかれ自分の価値観で新たな人間を作ることでもある．もしも子どもが聴者に生まれたならば，このカップルはその子を聞こえなくしようとはしないだろう．むしろ聞こえることは社会においては便利だから，それはそれでよいと思うであろう．しかし，生まれた子どもは補聴器をつけ，特別な訓練をすればある程度聞こえるだろうというだけで，聴者に生まれたわけではない．特別な訓練をして子どもを聞こえるようにするということは，ろう者にとってはわが子に自分たちの音のない文化とは別の文化を持たせるために，また自分たちの母語である手話ではなく，自分たちには聞こえな

い音声言語を持たせるために子どもを訓練するということなのである．もしも，たとえば英語圏で暮らす日本人が「あなたの子どもが日本語話者にならないように，英語話者になるよう訓練しなさい」と言われたら，その親のみならず日本人は人権侵害だと思うであろう．

　そもそも親は自分の価値観で子どもを育てていくのである．小さいうちからやったほうがよいと言って，子どもを水泳教室に連れて行ったり，ピアノを習わせたり，塾に行かせたりする親も多い．親は自分の文化の中で好ましいことを子どもに身につけさせる．つまり意識するとしないとにかかわらず，親は子どもを自分から見て好ましい人間にしようとしているのであり，そのような価値判断なしに子育てなどできるはずがない．それを，反対意見にあるように「親のエゴ」と言うなら子育てはエゴである．しかし，一般的に文化の継承を願うことはエゴとは呼ばれず，むしろ美しいこととされる．ろう文化に誇りを感じる人が，子どもにも同じ文化を持ってほしいと願うのは，考えてみれば当然のことである．

　確かに，聴者がマジョリティーである社会で生きていくには，聴者のほうが有利であろう．社会においてマイノリティーのほうが有利であることはあまりない．これはマイノリティーであることが障害者であることに起因するかどうかとはあまり関係がない．聞こえるマジョリティーは，子どもをあえてろう者として育てることを「苦労するに決まっている」と言う．しかし，なぜろう者が苦労するのか．それはろう者が聞こえないからなのか，それともろう者が生きていく環境が聞こえる人中心の社会だからなのかということは考えない．親と違う言語を持たせるために毎日特訓する親がいるとしたら，自然なことだと思うだろうか．聴者は，手話を禁止してまでも，聞こえない子どもに音声言語を少しでも聞こえるようにし，あるいは聞こえない音声言語を話す人の口を読み取ることで少しでもわかるように訓練し，音声言語を発音する練習をさせることを，不自然だとは思わない．ほとんどの人が，それはろう児のために当然のことだと思い，さほど酷だとも思わない．「苦労」をさせたくないというのなら，聞こえない子どもに音声言語を少しでも聞こえるように訓練することも「苦労」をさせていることには違いないし，まして視覚を使って音声言語を口の形から読み取らせ，発音させるというのは，子どもにとって大変な「苦労」

なのである．音声言語を視覚で読み取り，自分の声を聞かずに発音することは物理的に無理なことで，それを訓練で少し可能にしたとしても，いつの日か苦労しなくなるというものではない．また，この記事の家族の場合，両親と第一子の三人がろう者である．もし次に生まれる子どもだけ別言語・別文化を持つならば，その子どもにとっても家族にとっても苦労はある．ろう者を聞こえない障害者としか考えない聴者は，そのようなことにも思いが至らない．

最後に「夫婦，子ども，皆ろう者であると強い仲間意識が芽生え，さらに聴者とのギャップが生じてよくない」という意見はどうだろうか．たとえば日本人が海外で住む場合，家族皆が日本人だとより強い仲間意識が芽生えて，周りの人とのギャップが生じてよくないと言われたら，日本人はどう思うだろうか．マジョリティーが直感的に抱くこのような感情にはマイノリティーの団結をうとましく思ったり恐れたりする心理が表れているのではないだろうか．

手話についての聴者の認識

さて，このように聴者というマジョリティーとろう者というマイノリティーの関係が見えてくると，聴者がしばしばろう者に手話を禁止し，音声言語の使用を強制してきたことは当然の成り行きとも言える．日本のろう学校で手話は禁止されてきたのだと言うと，手話のことを知らない聴者は必ず驚く．しかし，音声言語が使えることは幸せである，あるいは音声言語が使えることは社会で生きていくためには当然であると聴者が考えることと，音声言語を音声なしに読唇し，聞こえることなしに発話することは不可能に近いという事実が同時にあるとき，前者を優先して聴者がろう者に対して手話を禁止するということは十分起こり得るのである．

口話とは読唇と発話のことであるが，特に手話を禁止して音声言語の読唇と発音を覚えさせる教育を口話主義教育という．なぜ手話を禁止したかについては歴史的な必然や偶然もあるが(第5章1節参照)，簡単に言えば，音声言語を覚えるためには手話を使わせないほうがよいと考えられたからである．第1章でも述べたように，手話の能力が高いほど，音声言語を習得するときに有利であることがわかったのは，ごく最近のことなのである．

聞こえない人たちも訓練すれば少しは音声言語を話し，読唇ができるようになるため，努力すればろう者も聴者とまったく同じように音声言語を使えるようになるのではないかと聴者は思ってしまう．けれども，聞こえない人にとって，音声言語は文字や読唇という視覚言語であり，手話を母語とする人にとっては，これは外国語（または第二言語）でもある．日本人には英語を読み書きできるが，ネイティブ・スピーカーの英語は聞き取れないし，英語を話すこともあまり得意ではないという人がたくさんいる．それと似ている．しかし，ろう者が発話訓練をされても，それは運動の感覚によるものであり，自分の声を音声と認知して話すわけではない．ろう者にとっては，発音と読唇との関連も非常に弱く，両者の習得には別の訓練が必要である．この点で聴者が音声を聞き分けることによって発音を習得するのと決定的に違う．

　音声言語が視覚的サインとして優れているはずはない．日本語の「たばこ」と「たまご」と「なまこ」は視覚的にはまったく同じであるし，英語の24種の子音は視覚的には11種になってしまう．音声言語を視覚だけで習得させることがきわめて難しいことは，日本やアメリカをはじめ多くの国で，手話を禁止して，口話法という発話と読唇による教育をしたが，一部のろう児にしか十分な成功を修めなかったことにも現れている（第5章2節参照）．それに加えて，手話禁止の時代の中でも手話は決して消えることがなく，ろう者の中で使用され，継承されてきたことにも現れている．

　手話のできる聴者が少ないことは事実であるから，ろう者にとって口話ができることは明らかに便利ではある．しかし，ろう者にとって口話を覚えることは，音声言語の構造を習得し，語彙を覚え，読み書きができるようになることの助けにはあまりならない．日本語の「たばこ」と「たまご」と「なまこ」が，口形を見るだけではまったく同じに見えるというのはほんの一例であり，そもそも読唇とは何を言っているかを文脈から当てるという部分が大きい．

　文脈からどんな単語かを当てるには，その言語を運用する能力や教養や知識が必要である．つまり先にそれらを身につけなければならない．そのためには勉強させなければならない．勉強させるには，教科書などをその言語で読めて，先生の言うことを読唇で理解できなければならない．だか

ら読唇の訓練をするという堂々巡りになる．その言語をマスターできない子は，永遠に進歩がないことになりかねない．日本のろう学校では，普通学校と比べ2年遅れの教科書を使ったりしてきたが，教育で使われる言語が獲得できなければ授業を理解できないのであり，何年遅れているかという問題ではない．それでなくても，聞こえない子どもに音声言語の読み取りや発音を練習させるのは膨大な時間を要するため，聞こえる子どもが勉強するのと同じような内容の授業に費やされる時間は少ないのである．ろう学校の子どもにとってそれは屈辱でもある．前述の米内山明宏は，年齢より2年下の教科書を持つのが悔しくて，自分と同じ年齢の子どもが持つ教科書の表紙だけ従兄妹からもらってかぶせていたと言う（米内山，2005）．彼の場合は母親がろう者であったため，手話で育っており，発達にまったく問題はなく，ろう学校の子どもたちに手話を教えてあげていたとのことであるが，親が聴者である多くのろう児の場合，言語を十分獲得できないために発達の危機にさらされるのである．

　言語がないと思考力・論理性も十分発達しない．したがって過去にはろう者は知的障害者と間違われたり，同等に扱われたりした．ろう教育が行われれば，言語のない状態というのは避けられるが（たとえば幽閉児や野生児のように一生言語のない状態ではないが），聞こえないのに音声言語しか教えられなければ，一言語を母語として十分に習得していないセミリンガルになる可能性もある．

　一方，手話で教育すると聴児とほぼ同じように自然な発達を見せることがわかっている．近年，アメリカやスウェーデンでの手話と書記による音声言語とのバイリンガル教育がかなりの成功を収めていることは，これを証明している（第5章2節参照）．手話で育つろう児は，9ヵ月から1年で単語を発するようになり，1歳から2歳で単語の数を急増させ，2歳頃から二語文（「わんわん来た」「おっぱいほちい」等々）を発するようになり，手話を使って授業をすれば，その年齢にふさわしい知能の発達，知識の増加を見せる．もちろん，聴者に合わせた社会においては情報の障害はある．ろう者には，いつのまにか耳に入って何となく知識となるということがない．親や先生，近所の人，テレビなどすべてが手話でもない限り，聴者とまったく同じ量の知識が得られるわけではない．が，ともかくも手話とい

う言語を持てば正常に知的発達を遂げるのである．

このようなことがはっきりしてきて，手話を法的に認める国も増えてきた．すでにスウェーデン，フィンランド，ベネズエラ，ウガンダなどでは国民の一言語として憲法に明記されている．またアメリカでは2006年現在，40州で手話を一言語と認め，小・中・高校，大学のどこかのレベルで外国語科目として教えている．この40州以外でも現在法制化を進めているところもあるし，独自に手話を外国語科目としている学校もある．

母語で教育を受ける権利

日本では，まだ手話を法的に一言語とは認めていない．認めないと学校はなかなか手話で教育をするようにはならない．手話で教育できないと手話を母語とする人は増えない．手話を母語とする人がごくマイノリティーであればなかなか言語として認められない，という悪循環におちいるのである．

手話を法的に言語と認めさせるためだけでなく，何よりろう児の発達の危機を避けるために手話で教育することが認められなければならない．そのような考えに基づき，2003年5月，「全国ろう児を持つ親の会」は手話で教育が受けられないのは人権侵害であるとして，日本弁護士連合会に人権救済の申し立てをした．これは，これまでのろう学校の教育をすべて否定するものではなく，あくまで手話で教育を受けたい子どもや子どもに手話で教育を受けさせたい親に対して，それを認めるべきというものである．聴者である親には，聞こえない子どもに手話を獲得させることを好まず，口話法による教育を望む親もいるからである．ろう児に手話を禁止して音声言語だけで教育すると発達に支障があるかもしれないとか，口話では情報は完全に与えることができないというようなことを知る機会がほとんどない聴者の世界にあっては，子どもを音声言語である日本語で育てたいと思う親が多く，そう望むことを非難もできない．聴者も子どもに自分と同じ言語・文化を身につけてほしいと願うことは，もっともだからである．

人権救済の申し立てを受けて，日弁連は2005年4月13日に文科省に意見書を提出した．意見書の内容は「国は，手話が言語であることを認め，

聴障者が自ら選択する言語を用いて表現する権利を保障するべき」として，(1) 教育現場での手話使用に積極的に取り組み，手話による教育を受ける選択の自由を認めること，(2) 手話による効果的な教育方法についての助成や，手話で指導できる教員の養成に取り組むこと，そして (3) 子どもの聴覚障害が判明した家族に対し手話教育の機会を無料で与えるなど，子どもが家庭や地域で手話を使用できる環境を保障することを提案した．

もしも，手話で教育を受ける権利が認められたとしても，実際には手話で授業ができる先生がいなければ教育はできない．長年，教育機関で手話が禁止されてきたために，口話がうまくなければ学習そのものが困難で，なかなか高学歴にはならなかった．そうすると，口話がうまくなった数少ないろう者が教師になれるのであるが，その人たちが手話で教育できるだけの手話能力を持つとは限らない．これが現状である．

手話で教育を行わなければ，ろう児の学力は伸びないし，手話を母語とする教師も生まれない．手話を母語とする教師がいなければ，手話で教育することができないという，これもまた悪循環である．何とか手話による教育を始めなければ事態は進展しない．そこで，教員資格はなくても手話を母語とする大人がろう児を教えるべきであるという考えから，ろう者がろう児を教えるフリースクールができてきた．たとえば 1999 年 4 月にろう者たちで作った龍の子学園は，現在は NPO バイリンガル・バイカルチュラルろう教育センターとなっている．スタッフの中から教職課程を修了したろう者も出てきている．そして 2007 年東京都は，この NPO が，手話を第一言語とする学校法人として認められるよう，教育特区の申請をし，国はこれを認めた (バイリンガル・バイカルチュラルろう教育センター，http://www.bbed.org 等)．

ろう教育の場合「バイリンガル」とは日本手話と書記日本語（文字の読み書きによる日本語）のことを意味する．日本のろう者が日本語を習得しなければならないのは当然のことで，手話教育を支持する人たちもそれを否定するわけではない．手話を教育言語として使いながら，日本語の読み書きを含め，さまざまな学習をさせるのがバイリンガルろう教育なのである．

ろう児は，聴者の子どもとして生まれても，小さいうちに長時間手話を

母語とするろう者と接触すれば,その子の母語は手話となり得る.音のない世界で生きる子どもが,視覚言語を好むことは考えてみれば当然であり,手話を難なく言語として獲得してしまうのは不思議なことではない.そのようなろう児たちや,親もろう者であるために生まれながらに手話で育ったろう児たちにとって,自分たちの言語が教育機関で無視されたり,まして禁止されることは教育効果の点で不利であるだけでなく,アイデンティティーを否定されることであり,その尊厳が傷つけられることにもなる.長年そのような環境で生きてきたろう児は,自分自身に誇りや自信を持てない人間になってしまうこともある.

口話主義教育は,手話を禁止して音声言語を習得させようとするものであるが,それは日本で日本語を一切使わせないで英語の授業をするのと似ている.しかし,それは決して同じではない.ろう児はあらゆる科目,生活全体で手話を禁止されるのである.また,かつての植民地などで,子どもたちが母語以外の言語で教育を受けたのとも同じではない.母語以外の言語で教育を受けることはそれだけで不利であるが,家に帰れば母語を使うことができるし,教育言語が母語でなくても聞こえればその教育言語を獲得することはできるのであり,程度の差はあれバイリンガルになることが可能であるからである.ろう児の場合,家に帰っても親が聴者であれば,学校と同じように聞こえない音声言語というものを強いられる(積極的に親と学校が協力して,24時間の生活すべてが口話教育という中で育つろう児も多い).中には聴覚訓練で少しは音声言語が認識できるようになる子どももいるけれども,そうでないろう児は,音声言語も認識できず,母語になり得る手話を獲得する機会すらないまま成長することになる.

人間は言語習得ができるように生まれついているので,ろう児にとって視覚的な記号を言語として獲得することはさほど困難ではなく,むしろ本能的であると言える.周りに手話のできる人がいる限り,ろう児は手話を覚えてしまうのである.こうしてろう児は手話のできる子どもから自然に手話を覚えて,禁止の目を盗んで手話を使ってきた.日本をはじめ,各国において,ろう学校は手話を認めない教育現場でありながら,手話伝承の場でもあり続けてきたのである.

2——手話と音声言語の関係

手話使用者の多様性

　このような環境で継承されてきた手話という言語が，聞こえる日本人にとっての日本語とまったく同じように，ろう者の言語となるはずはない．ろう児はいつでも好きなだけ手話を使えるわけではないし，つねに日本語を教え込まれているからである．手話の習得に有利な環境かそうでないかは，ろう児によってまちまちである．周りに手話を母語とするろう児がいない場合もある．いてもどのぐらい接触することが可能かは運次第である．こうして手話者の集団というのは，母語の運用能力にばらつきのある集団となっていく．

　さらに，聞こえない人が音声だけで言語を獲得するのが難しいことを理解する聴者は，手話を禁止するのをやめ，そのかわりに音声言語を手指記号で表したものを教えるという新たな方法を考えつく．たとえばアメリカでは「マニュアル・イングリッシュ」(Sign Exact English, SEE 等) と呼ばれる手指英語(英語を手指記号にしたもの)ができた．日本でも「日本語対応手話」と呼ばれる手指日本語ができた．聴者には手話の独特な文法の存在さえ知らない人も多いので，自分の音声言語を手指で表しただけで手話を使っていると思っている人が多く，音声言語を手指記号にしたものをこれが「正しい手話だ」と言ってろう者に教えるという不思議なこともしばしば行われてきた．つまり，ある言語を外国人が自分流に変えて，こちらのほうが正しいのだと言って，ネイティブ・スピーカーに教えるようなものである．あるいは，聴者がろう者の手話を正しい手話と認識し，学ぼうとしても，音のない世界で生まれた視覚言語特有の性質を持った手話を習得することは難しく，その手話は音声言語の構造によく似たものになってしまう．

　このような状況であるので，ろう者の手話は聴者の母語に比べてバリエーションが多くなる．まず，それが手話の運用能力のバリエーションを生む．手話者には，次のようなグループがある．

(1) 親もろう者であって生まれながらに日本手話を母語としてきた人たち
(2) 親は聴者であるが，子どものうちから手話に接することがあったために手話を獲得した人たち
(3) 英語や日本語のような音声言語を口話法で学び，それを母語としたが，大人になって第二言語として手話を習得し，手話や視覚中心の文化が生理的に合っていることに気づき，次第にろう文化集団に入り，手話を第一言語としていく人たち

さらに(2)のグループ，つまり親は聴者であるが，子どものうちから手話に接していたろう者は，何歳で手話に接したかによってさまざまであるし，(3)の口話による音声言語で育ったろう者でも，口話のみで音声言語を習得したか，あるいは日本語対応手話のような視覚的な音声言語も使用してきたかで違う．つまり，手話を話す集団というのは，個々の手話使用に差が大きい集団ということになる．

(1)のグループ，すなわちろう者の子どもとして生まれ，手話を母語として育った人だけをろう者とする考え方もあるが，そうすると手話を第一言語とする人の10分の1以下がろう者集団であり，そのようなマイノリティーの中のマイノリティーだけがろう文化の担い手ということになる．つまり，手話を第一言語とする大多数の人をノンネイティブ（非母語者）とすることになり，これは現実的ではない．生まれながらに手話を母語としてきた人の人数のほうが圧倒的に少ないから，それをろう児と定義することが現実的でないという人数の問題だけではない．(2)のグループにも，(1)のグループと区別がつかない手話運用能力を持つ人もおり，そのような人をろう者と呼ばない理由はない．また(1)のグループの中でも，親も(1)のグループに入る人，すなわち親の親（つまり祖父母）もろう者である人と，親は聴者の子であったために生まれたときから手話で育ったわけではないという人でかなり違う．このように手話は他の言語に比べて親から子へと受け継がれる可能性が非常に低いために，手話のネイティブ・スピーカーを定義するのは難しいのである．

次に，手話の種類によってもバリエーションがある．手話者は親や友達

や教育環境によって，どの程度音声言語（日本語対応手話，手指英語といった手指音声言語も含む）の影響を受けているかが違う．先ほど述べた(3)のグループ，すなわち大人になって手話を習得し，やがて手話を第一言語としていく人たちの手話は，音声言語の影響が強いであろうということは容易に想像ができる．(1)のグループ，すなわち親もろう者であり，手話で育った人でも手指音声言語のほうが正しいと教えられ，自分の手話をそちらに寄せていく人もいる．あるいは親がろう者であっても手指音声言語を第一言語とする親であれば，その子どもはろう者の自然な手話を母語とはしないことになる．アメリカでは，手指英語に比べてアメリカ手話が蔑視されていたが，この30年で次第にそのようなことはなくなってきた．しかし，日本ではいまでも日本手話の認知度が低いために，日本手話で生まれ育ったのに，手指日本語である日本語対応手話を使うように努力する人もいる．

　日本語対応手話は多くの単語を日本手話から借用しており，また日本手話と同じ手指記号であるので，それとの混成語もできやすい．この混成語を「中間手話」と呼ぶことがある．中間手話も日本語対応手話に近いものから日本手話に近いものまで使用者によってまちまちである．音声言語の「ピジン（混成語）」の使用者にも同じようなことが言える．ピジンとは複数の既存の言語の接触で生まれた言語のことであり，既存の言語より単純で無駄がないが，限定された用途のみにしか使えないほどの表現力である場合が多く，それを母語とする人はいない．次の世代がそれを母語とするようになると，その言語を「クレオール」と呼ぶ．クレオールはピジンより複雑な規則を持ち表現力が豊かである．さらに使われ続けるとクレオールは，脱クレオール化と言って，接触言語の特徴を失い，既存の言語と同じような自然言語になっていく．たとえば，Aという言語とBという言語が混じってCというピジンが生まれた場合，母語がAである人のCはAの要素が強く，母語がBである人のCはBの要素が強いということはしばしば見られる現象である．

　手話の場合，音声言語と違うのは，社会的な圧力がなければ，ろう者個々の手話は音声言語的な手話から，視覚言語として有利な特徴を備えたろう者の自然手話へと構造が変化していく傾向があるということである．

たとえば親は聴者であるのに，ろう児を持つために手話で育てようとする場合などは，親の手話は当然音声言語に近いものであるが，それを見て育つろう児の手話はだんだんろう者の自然な手話の特徴を持つようになる．つまりクレオール化が起きるのである．また手話を母語とするろう者に接触させると，その子はろう者の手話のほうを吸収し，親の手話の流暢さを容易に上回る．音に頼らない視覚言語には，それに最もふさわしい能率のよい構造があるということである．このことは，手話を持たないろう児を集めると，その子どもたちは自然に手話らしい文法を生み出していったというニカラグア手話発祥の例にも現れている（第1章3節参照）．

このような音声言語との関係での手話のバリエーションという意味では，さらに中途失聴者の使う手話もある．中途失聴者とは聴者として生まれ，音声言語を母語とし，その後に失聴した人のことで，この中には手話を話す人もいる．たとえば日本の場合では，このグループにとっては当然，日本語対応手話が使用しやすいわけであるが，そのような人たちの中でも何歳で失聴したか，失聴して何年経つか，誰から手話を習ったかによりそれぞれ一様な手話を話すわけではない．CODA（親がろう者であり，手話で育った聴者）の中にも手話と音声言語が同等にできる人もいれば，手話はあまりできない人もいる．また親がどのような手話を話すかによっても，CODA の手話はさまざまである．このような手話使用の複雑な事情は，世界のあちこちで共通に見られるのである．

世界の手話使用状況

アメリカのギャローデット大学図書館のインターネットのホームページ (http://library.gallaudet.edu/dr/faq-world-sl-country.html) は，世界の国をアルファベット順に並べて，それぞれの国で話されている手話はどのようなものかを示している．

最初はアルジェリアで，アルジェリア手話とあり，次に出て来るのはアメリカン・サモアでアメリカ手話が使われていることがわかる．次にエントリーされているのはアルゼンチンで，アルゼンチン手話とその下に C・doba Sign Langauge という方言が記されている．アルメニアの手話にはアルメニア手話というものと代替手話 (alternative sign language) として，アル

メニアの女性手話（Caucasian Sign Language）が挙げられているが，後者は「消滅」(defunct) とある．代替手話というのはろう者の手話とは違って，聴者が何らかの理由があって生み出した手話である．アメリカ・インディアンの手話やオーストラリアのアボリジニの手話のように，もともと音声言語と手話が共に発達した可能性もあるが，今となってはルーツがはっきりしないものもある．また，中世の修道院で沈黙の戒律を守るために生まれた手話とか，カナダやアメリカ北部の製材所で音が聞こえない環境の中で生まれた手話というように，ルーツや発祥の理由がはっきりしているものもある (斉藤 2003)．

次に出てくるオーストラリアには，オーストラリア手話とコード・システム (code system) としてキュード・スピーチ (cued speech)，代替手話としてアボリジニの手話が挙げられている．キュード・スピーチとは口話で不十分なものを手指記号で補うもので，たとえば先ほど挙げた「たばこ」と「たまご」と「なまこ」のように視覚記号にしてしまうと区別がつかないものを，子音にあたるものを手指で示すことで区別するものである．オーストラリアでは，キュード・スピーチがカトリックのろう学校で使われているという．また代替手話のアボリジニの手話には，13 方言が挙げられている．

次のオーストリアにはオーストリア手話だけが挙がっているが，これはフランス手話およびロシア手話と関係があると記されている．次のバングラデシュではベンガル手話とインド手話が使われている．ベルギーにはベルギー手話があり，これが南ベルギー手話と北ベルギー手話の二方言に分かれている．さらに，オランダ語対応手話やフランス語対応手話もある．次にエントリーされているボリビアにはボリビア手話が挙げられているが，これは基本的にはアメリカ手話で，指文字などはスペイン語に合わせて修正したものであるという．続くボツワナはアメリカ手話，デンマーク手話，ドイツ手話があり，土着の手話は記述されていない．

リストの最初 10 ヵ国は以上のような状況であるが，このようにして 115 ヵ国の手話状況が記されており，それぞれの国でろう者がどのような手話を持っているか，その国にはどのような民族が共存しているか，あるいはどのような国がその国に影響力をもっているか，そしてろう教育に関

わってきたか等々が想像できる．一般的な言語事情と同じ状況が，手話に見られる国も多い．たとえばカナダには，ろう者の手話としてアメリカ手話とフランス手話があり，コード・システムとして手指英語，アメリカ手話と英語の中間手話 (Pidgin Sign English)，手指フランス語，フランス手話とフランス語の中間手話 (Pidgin Sign French) の四つがある．そして代替手話として，前述の製材所の手話も挙げられている．

先にニカラグアの手話について言及したが，このリストでニカラグアの手話事情を見てみると，ろう者の手話としてのニカラグア手話とコード・システムの両方が挙げられている．後者は，教育的目的で聴者の教育者が発明したものであると書かれている．この聴者が創案した手話が先にあったのに，それとは別に第1章で述べたように，ろう児が自然に手話を生み出したことは興味深い．

さて，日本についてはどのように書かれているであろうか．まずろう者の手話として日本手話 (Japanese Sign Language) が挙げられ，括弧書きで「手話または手まねまたは日本手話」(Shuwa or Temane or Nihon Syuwa) とある．現在「手まね」などということばはほとんど聞かれないので，一体どのような資料から調べたのだろうかと思うが，コード・システムとして日本語対応手話 (Manually Coded Japanese＝Signed Japanese＝Simultaneous Methodic Signs) と中間手話 (Pidgin Sign Japanese＝Middle Type Signs) が挙げられている．手話状況として間違ってはいない．何より115ヵ国もの手話状況を調べていることだけでも，アメリカの手話研究の勢いが十分感じられるのである．当然ながら，アメリカ合衆国については大変長いリストになっている．アメリカが多民族国家であり，複雑な社会状況があることを考慮しても，他国に比べて非常に詳細な記述であり，アメリカで手話研究が進んでいることが現れている．今後も，手話研究が進めば修正・加筆が行われるであろうと予想される．実際，たとえばパキスタン手話とインド手話は別の手話なのか，一つの手話だったのが二方言に分かれたのかを決定するにはさらなる研究が必要であると書かれている．

さてそのアメリカであるが，リストによると，ろう者の手話として4種類，コード・システムとして8種類，代替手話として9種類が挙げられている．まず，ろう者の手話としてアメリカ手話，ハワイ・ピジン手話，プ

エルトリコ手話，マーサズビンヤード手話(消滅，古ケント手話)の四つがあり，アメリカ手話の下には方言として黒人の手話(Black American Sign Language＝Black Southern Sign Language)がある．マーサズビンヤード手話というのは文化人類学者ノーラ・E・グロースの『みんなが手話で話した島』(*Everyone Here Spoke Sign Language*, 1985)で有名なマーサズビンヤード島の手話である．この島では，1690年代から約250年間，遺伝性聴覚障害が高い比率で現れ，島の皆が手話を解したというのである．ここのろう児が，ローラン・クレールとトーマス・ギャローデットが設立したハートフォードのろう学校に集まったために，ローラン・クレールのもたらしたフランス手話にマーザスビンヤード島の手話が溶け込み，現在のアメリカ手話の源になったと言われる(このトーマス・ギャローデットは，世界で唯一のろう者のための総合大学ギャローデット大学の創始者エドワード・ギャローデットの父であり，彼はフランスでろう教育に携わっていたローラン・クレールをアメリカに連れ帰ってろう学校を始めたのである)．アメリカのコード・システムとしては8種類が挙げられていて，その中にはキュード・スピーチやSEEなどの手指英語，手指英語とアメリカ手話の中間型であるPSE(Pidgin Sign English)が含まれている．これらは聴者が教育機関で英語を習得させるために作ったものである．代替手話には3種の修道院の手話，ギャングの手話，ケレスプエブロ・インディアンの手話，モーターサイクル手話，平原インディアンの手話，オレゴンの製材所の手話，スキューバダイビングの手話(アメリカ手話を基にする)が挙げられている．

　このように世界の手話状況には，ろう者たちが自然に生み出した手話以外に，しばしば音声言語話者が音声言語を手指記号や既存の手話単語を使って視覚記号にしたものと，それが再び自然な手話に近づいていくことによってできたピジンと呼べる手話が存在している．さらに，ときには聴者が何らかの事情で生み出した代替手話が，ろう者の手話から影響を受けたり(野球の「アウト」「セーフ」など)，あるいはろう者の手話を基本に，聴者が代替手話を作る様子が現れている．

手話と音声言語の発話時間

　次に，ろう者の手話と手指音声言語の関係はどのようなものかを詳しく述べたい．

　聴者をマジョリティーとする社会の中で，ろう者の手話は音声言語に囲まれているがゆえに，手指音声言語との中間型など特別なバリエーションを持つ．しかし，ろう者の中で自然に発生し，伝統的に継承されてきた純粋な手話が，視覚言語としては最も能率がよく，ろう児はそのような手話を好んですばやく習得する．その過程は，1～3歳の聞こえる子どもが難なく音声言語を覚えるのとまったく同じである．こうして自然に発生したろう者の手話は，それを母語とする人が手話使用者というマイノリティーの中でも少数であるにもかかわらず，生き続けてきたのである．もしそうでなければ，禁止さえされてきたろう者の自然な手話は，聴者を含めて圧倒的多数が使う手指音声言語に淘汰されるか，その手話自体が音声言語の構造にどんどん近づいていたはずである．

　ここでいう「能率がよい」とはどういうことか．それを示す研究結果がある．U・ベルージとS・フィッシャーは，英語とアメリカ手話（ASL＝American Sign Language）を使って，比較研究をしている（Bellugi & Fischer 1970）．その中で，音声言語で単語を発するよりも，手話の単語を示すほうがほとんどの場合に時間がかかるのに，ある情報を伝えるのに要する時間は，英語とアメリカ手話とで差がないということが示されている．両親がろう者であり，家庭やその他の社交の場で日常的にアメリカ手話を使っている聴者（CODA），つまり英語とアメリカ手話の完全なバイリンガルの人々を使って実験をした結果，ある時間内で発音できる単語の数は，同じ時間内で示せる手話単語の数の約2倍であるが，手話には音声言語の単語より少ない数の単語で，情報を表すメカニズムがあることがわかった．音声言語に対応した手指英語であれば，2倍の単語数が必要で，2倍の時間が必要となる．ろう者の自然な手話では手指動作と同時に，表情・視線・うなずきなどの非手指動作が使われるからである．

　同じようなことは，日本語対応手話と日本手話でも言える（長南 2005）．「彼は彼女が好きだ」を日本語対応手話と日本手話で表すと図2-1のよう

日本語対応手話

彼　は　彼女　こと　が　好き　です

日本手話

彼　彼女　好き

図 2–1　日本語対応手話と日本手話

になる．

　日本手話を母語とする人から見て，日本語対応手話は時間がかかるだけではなく，とてもわかりにくい．たとえば，日本語の単語は使ってもよいが，文法は英語で話せと言われたらどうだろうか．We don't go to school on Sundays in Japan. という文を単語だけ日本語を使って言い直したら「私たちは，しない，いく，へ学校，には日曜，で日本」となる．日本語をまったく知らないで，英語を母語として生きてきた人が日本語の単語だけ教えられれば，この文はわかりやすいかもしれない．しかし，日本語を母語とする人間には理解しがたい．ろう者にとって，日本語対応手話と呼ばれる手指日本語はこのようなものである．

　音は聞こえなくても日本語を母語とし，手話を知らないで育った人ならば，日本語の単語に相当する日本手話の単語だけ覚えれば，日本語対応手話は理解できる．しかし，日本手話を母語とする人は非常に混乱する．現在の日本では，そのような手話を聴者から見せられてなかなか理解できないと，「手話さえわからないろう者」と誤解される場合すらある．聴者に「あなたたちの手話は文法がない」「私たちの手話（日本語対応手話）のほうが正しい」と言われれば，日本手話にアイデンティティーを感じている人は不愉快であり，憤りも感じるであろう．自然発生的な手話は視覚言語であるがゆえに，そして顔の表情などのように聴者にはなかなか認知できない文法手段を含むがゆえに，文法はないも同然と誤解され，日本のみならず多くの国で，このような単語だけ手話から借りてきたが実は音声言語の

文法のままである手指音声言語が生まれたのである．マジョリティーが手指音声言語のほうが正しいと主張し続ければ，手話を母語とするろう者の中にさえ，そちらのほうが正しいのかなと思う人も出てくる．まして，ろう学校などの教育機関で日本語を教わり，「日本語は正しい言語」「手話は言語とは呼べない」と教われば，手指日本語をよい手話と思うようになる人もいる．しかし，たとえそう思っても日本手話を母語とする人は，手話を使う以上自分の文法が出てしまい，ましてそのほうがずっと能率的であるのだから，なかなか本来の手話の文法を押し殺すことはできない．そこで日本手話と日本語対応手話の混じったような手話になってしまう．これが日本では中間手話と呼ばれるものである．同様にアメリカの「PSE (Pidgin Sign English)」と呼ばれるものも，アメリカ手話と手指英語の中間型として生まれたのである．

　逆に，手話のできない人が長じて手話を習っても，それは日本の中間手話やアメリカのPSEのようになる．ろう者のおよそ10人に9人は親が聴者であり，最初に触れる言語は音のない音声言語である．つまり音もなく動く口の形である．特別な教育をする場合も音声言語を文字で表したものが使われる．大人になるまで手話者と接する機会を与えられなければ，その人の手話は外人っぽい手話になり，ネイティブ・サイナーにはならない．ろう児が小さいうちに手話者と接すれば，それを母語とすることが容易なのは，音のない子どもにとってはろう者の自然な手話が自らの言語能力を発現するのに最も適したものだからである．しかし，多くの聞こえる親はそのようなことは知らない．知っていても，自分と違う言語をわが子の母語とすることには納得がいかない．さらに，聴者にとって聞こえないこと，音声言語が話せないことは障害としか見えないので，なんとかそれを克服させ，音声言語を獲得させようと努力するのである．その結果，そのようなろう者は手話を積極的に覚えようとしても音声言語に影響された中間型の手話になり，ネイティブ・サイナーから見れば一目で手話を母語とする人ではないとわかってしまう．聴者が大人になって外国語を学んでも，なかなかネイティブ・スピーカーと同じようにはならないのと同じである．

手話の社会的ステイタス

　自然に発生した手話がろう児にとって習得しやすい構造であり，ろう者の直感として「よい手話」と感じられるにもかかわらず，社会的なプレッシャーは正反対の影響も及ぼしてきた．つまり，音声言語に近い手話のほうが正しい手話だと聴者が主張すると，ろう者の中にもそのように思う人も出てくるのはすでに述べたとおりである．ろう学校などの教育機関で手話を認めないのだから，口話教育で成功した人が高学歴になりやすく，そのような人たちの手話は音声言語に近いものであることが多いのでなおのことである．学問的な語彙を多く含み，高学歴の聴者と同じ話ができる手指音声言語のほうが，知的で正しい手話に見えてくるのである．そうなると手指音声言語を話す人たちが，ろう者の自然な手話をますます蔑視する状況も起きてくる．

　日本では現在でもまだ，日本語対応手話という日本語の文法通りに単語を並べたもののほうを正しい手話と考え，日本手話を知的レベルの低いものと考えているろう者がいる．中学・高校の部活動や総合科目などで，手話を学ぶ人が増えてきたが，「手話には2種類ある．形式的な手話とろう者独特の省略の多い手話がある」と教えられることが多い．つまり，記号化した顔の表情，首の傾げ，うなずきなどの手話の言語的な表情を，感情的な表情だと受けとり，その言語性を見逃して，手指動作のみを見て，あまりにも単語が少ないので省略の多い手話とみなしてしまうのである．

　日本の大学で教えていると，入学してくるろう学生はほとんど手話を知らないか，日本語対応手話の使用者である．彼らの中には日本手話では知的な議論ができないと断言する人も多い．しかし，これは日本手話が教育言語として使われてこなかったので知的な単語が豊富でなかったからであり，日本手話の構造が学問的議論に耐えないからではない．あるとき，地方自治体の手話サークルで講演をしたろう者が，「自分の親はろう者で自分は手話を母語として育ったが，手話の講師をしないかというお仕事をいただき，手話教室の見学に行ったら，手話通訳の方が自分の手話とは全然違う手話を教えていた．これが正しい手話かと思い，それから一生懸命その手話を勉強しています」と言った．大学のろう学生にその話をどう思う

かと訊いたら，その学生は「自分が生まれてからずっと使ってきた手話が正しい手話でないとわかったその方は，さぞかしショックだったでしょう」と答えた．その学生は自分は17歳ぐらいまで手話を知らなかったので，小さい頃から手話で育った人たちに，自分の手話が下手だとか，聴者と同じように口が日本語の形になっているとか言われて，仲間に入れてもらえないと嘆いてもいた．もちろん日本語対応手話と日本手話があることも知っていて，自分の手話は中間手話だと言っている．それなのにとっさにこう答えたのである．つまり，日本手話を正しい手話ではないと思わず言ったのである．

複数の言語やそのバリエーションに対して，社会的価値観から優劣をつけてしまうというのはよくあることで，そのような偏見に本人はなかなか気づかないものである．長い歴史の中で，ヨーロッパ系の言語に比べてアジア・アフリカの言語のほうが原始的だと誤解されることもあった．アジア・アフリカの言語の話者自身でも自分の言語を卑下したりする人もいた．あるいは首都圏の方言のほうが，地方の方言より正しいことば，あるいはきれいなことばなどと思われたり，地方の方言を話す人自身も自分のなまりを隠したりすることがある．それと同じで手話のバリエーションにおいても，ステイタスの上下ができるのである．

ところで，先に紹介したホームページのリストでは，アメリカ手話と手指英語の中間型であるPSEをアメリカの八つのコード・システムの一つとして，キュード・スピーチなどと並べている．しかし，J・ウッドワードは，PSEをアメリカ手話のフォーリナー・トーク（foreigner talk）とかラーナーズ・グラマー（learners' grammar）と考えている（Woodward 1987）．つまり，アメリカ手話を母語とはしない人の話すアメリカ手話ということである．彼はPSEを一つのシステムと考えるのではなく，アメリカ手話と手指英語という両極の間に並ぶ連続体と考えるのである．その連続体の中に，アメリカ手話を母語とする人の手話に非常に近い位置から，手指英語に非常に近い位置までさまざまなPSE話者がいるということである．さらに一人の話者でも，アメリカ手話寄りのPSEを使う場合から，手指英語寄りのPSEを使う場合まで幅があり，アメリカ手話がうまいほどこの幅が大きいというのである．つまり，アメリカ手話がうまい人ほど周り

の状況によって，どのあたりの手話を使うかを自由に使い分けられるということである．これは音声言語の場合，母語であればいろいろな話し方や方言を使い分けることができるが，母語でない言語でそれをやるのは難しいというのと同じであろう．またネイティブ・スピーカーならば，自分の言語を外国人的にまねして話すことができても，外国人はネイティブ・スピーカーらしく話すことはなかなかできないのと同じである．手指を使う視覚言語の中でも，特にろう者の自然な手話を母語とする人が本当の手話者であるとろう者の多くが感じるのもこのためであろう．

　しかし，実際使い分けをするかどうかは，本人の意識や価値観も当然関係してくる．使い分けができてもそうするとは限らないし，どういうとき使い分けをするかもいろいろな条件が考えられて複雑である．C・ルーカスとC・バリは，さまざまなろう者二人の組み合わせについてどのような手話を使うかを観察した (Lucas & Valli 1990)．まず被験者二人とろう者のインタビュアーの会話，その後インタビュアーが退席して二人だけになったときの会話，次に被験者二人と聴者のインタビュアーの会話，そして聴者のインタビュアーが退席して二人だけになったときの会話，最後にまたろう者のインタビュアーが加わっての会話，という順で被験者の手話の変化を観察したのである．その結果，相手が聴者であると手指英語に近い手話に変えていく人と，まったく変わらない人がいることがわかった．ウッドワードの見解とは違って，最初から純粋なアメリカ手話を話す人のほうが，むしろどんな状況でもまったく手指英語に近づけず，一貫してアメリカ手話で通す傾向が見られた．逆に，はじめ手指英語を話していた人や中間型を使っていた人で，相手がアメリカ手話を使うとアメリカ手話に近い手話に変えていく人もいた．この結果の解釈として，もともとアメリカ手話を話している人は，アメリカ手話に誇りを持っているため自分の手話を変えないということも考えられる．そして手指英語や中間型の手話を話す人は，アメリカ手話のステイタスを低く見ているために日ごろから手指英語に近い手話を使っているが，相手がアメリカ手話を使えばそちらに引かれるということを表しているのかもしれない．被験者が日常的にどういう手話を使う機会があるか，どういう環境で育ってきたかにもよるであろうし，使い分けを理論化するのは難しいと思われる．

一時期，まだアメリカ手話のステイタスが低かったころ，PSE を一言語と考え，自分の第一言語はアメリカ手話ではなく PSE であると主張するろう者が多かった．もしもこのような傾向が続いたならば，PSE は本当に新たな手話として確立したかもしれない．しかし，ろう者の手話が親から子へ伝えられる可能性が約 10% であったのと同じように，PSE も親から子へと着実に伝えられるものではなかった．そのうちに 20 世紀後半，アメリカ手話が言語として認められるようになり，手話の本来の姿はアメリカ手話であると考える人が多くなってきた．現在，PSE は一言語と見なされるよりも，ウッドワードが言うように，アメリカ手話と手指英語の間に存在する連続体のように見なされる状況のようである．

　音声言語のピジンが発生する場合も，始めは手話の場合と同じである．複数の言語が接触して混成語ができるときというのは，人間が文法を決めて一つの混成言語を作ろうとしているわけではない．違う言語を持つ人が，お互いの言語を話そうとしたり，あるいは弱い立場の人たちが強い立場の人たちの言語を強制されたり，積極的に学ぼうとした場合に生まれるのである．個々の話者がどちらかに偏った混成言語を話していても，そのうちある程度の規則を話者たちが共有するようになれば，新たな言語となる可能性も出てくるのである．もちろん複数の言語の話者が共存すれば，必ずピジンが生まれるわけでもない．淘汰される言語もあるし，個々の人々が複数の言語を使い分けるようになる場合もある．

　しかし，ピジンができなくても，また使用者がバイリンガルあるいは多言語使用者にならなくても，言語が接触すればまったく影響を受けないということのほうが難しい．日本手話の研究者には，近年の日本手話が構造的に日本語の影響を受けているとする人もいる．たとえば，若い人の日本手話は，ときに非手指動作が欠落しているのがその例である．このことは年齢による手話バリエーションを生んでいると言える（第 3 章 1 節参照）．

音声言語からの借用

　複数の言語が接触するときに，それぞれの言語の構造が影響されず，その言語であることを保っていても，借用語（外来語）の流入はたいてい起きる．ろう者の手話が手指音声言語と接触することによって中間的なものが

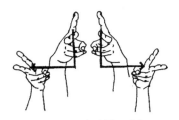

図 2-2 日本手話の「北」

生まれることとは別に，ろう者の手話には音声言語の語彙が多数借用される．日本手話の「北」という手話単語は，両手の人差し指と中指を左右対称に動かして北という漢字を書く(図 2-2)．北という文字は，手話の中では語源に過ぎず，手話を母語とする人にとっては，この単語が「北」という文字からできていることはもはや意識されない場合も多く，この単語と「き」「た」という音との関連は意味がない．「き」とか「た」という音をまったく認知しないろう者さえいる．

　音声言語の借用として，「指文字」というのもある．これは「あ」「い」「う」などを手型で表すのであるが，ひらがなやカタカナのように音を視覚記号にしたものである．つまり，ろう者が自然に生み出した手話とは違って，音を持つ人たちが作ったものである．人名・地名などを表す場合や，手話の中にその単語がない場合，あるいは使用者が互いに音声言語を知っていて，一人が手話をあまり知らない場合(聴者とろう者が話す場合など)に便利である．ろう者はたいていその社会の聴者の音声言語を少なくとも読み書きとして習っているので，指文字は聴者とろう者が話すときには大変重宝である．

　しかし，それである程度会話が成立すると，マジョリティーである聴者は，ろう者もすべて指文字で話せば双方にとって幸せだと思ってしまう．あるいはろう者の手話は指文字と手話単語を使って，音声言語を表したものだと思いこんでしまう人もいる．しかしすでに紹介したとおり，手話には空間を使った特有の文法構造があり，音声言語と手話は構造がまったく違う．たとえば，日本語と日本手話は構造が違うのである．音声言語に対応させた手話で表現するのは，自然な手話の約 2 倍の時間がかかるのは先に述べた通りであるが，指文字だけで音声言語を表すのはさらに何倍もの

J-O-Bでなく、
ほぼJ-Bのように表す

図 2-3 アメリカ手話の JOB

　時間がかかる．試しに図 5-4 (169 頁) の指文字を見て，日本語を指文字で表現してみればすぐわかるだろう．つまり，指文字は筆談と同じであり，時間がかかる．指をたくみに動かす必要があるので，筆談よりももっと大変である．

　純粋な手話の中に多数入っている指文字は，あくまでも外来語であり，日本語で言えばカタカナで書くことばのようなものである．そして手話にすっかり入り込むと，それぞれの手話の音韻規則(手話の最小単位を「音素」とする場合，その組み合わせの規則を「音韻規則」という)に合わせて手話らしい形にして同化させていくのである．それでなければスムーズな手話表現はできないであろう．たとえば日本手話の「北」やアメリカ手話の JOB (図 2-3) などは，その文字を空書きするのとは違って，手話らしい手型や動きになっている．

　そして，いずれ語源が指文字であったことがわからなくなることも多い．新しい言葉が生まれると，このようなプロセスで手話の単語が増えていく．たとえば「介護保険」というようなことばが新しくできたとき，ろう者はこれを文字などで初めて知り，手話に取り入れようとして「介」という字を両手で表して，それに指文字の「ほ」や「お金」の意味の単語を組み合わせて作っていった (図 2-4)．

　こうした新しい単語は，日本であれば『日本聴力障害新聞』などを通して全国に広がっていく．ただ，聴者が作った場合には，ろう者の手話にうまくとけ込まず，ろう者が別の形の単語を自然に生み出してしまうこともある．こうして辞書にだけ載っていて，実は使われていない単語などというものもある．

　日本語が英語から借用するときも同じようなことが起きる．パソコンや

「介」　　　　　　　　　　　左手「ほ」の形、
　　　　　　　　　　　　　　右手「お金」

図2-4　日本手話の「介護保険」

携帯電話の普及とともに，始めはなじみのない「アクセス」「メールアドレス」などが日本語にとけ込み，ときには「メアド」などという短縮形が生まれることもある．このように借用することや借用語を自分の言語らしく変えてなじませることは，マジョリティー文化が次々に生み出す新しい単語をそこから取り入れる仕組みであり，借用が多いのは少数言語が多数言語に囲まれて共存するときの宿命である．

3──少数言語者・母語話者としてのろう者

少数言語と多数言語

　言語はつねに周りの別の言語と接触する可能性を持つ．そして多くの場合，複数の接触する言語には，その言語の使用者の力関係が影響する．たいてい，どれかが多数言語(マジョリティーの言語)になり，どれかが少数言語(マイノリティーの言語)となる．話者の人数が多いという意味での多数言語もあれば，たとえば政治的・文化的に大きな力をもつために別の言語を圧倒するという意味での多数言語もある．マイノリティーはマジョリティーの言語を知らないと不利をこうむったり，ときには生活が非常に不便であったりする場合もあるが，マジョリティーはマイノリティーの言語を知っていても知らなくてもあまり変わらない．

　一つの言語の話者がある状況でマジョリティーであっても，別の状況ではマイノリティーということもあり得る．たとえばフランス語話者は，かつてニューカレドニアなどの植民地では人数に関係なくマジョリティーで

あった．そして多くの現地の言葉は禁止され，フランス語が押し付けられてきた．その中で消えた言語も多く，ピジンの形になって残った現地語もあれば，また生き延びて復興をめざす現地語もある．しかし，フランス語話者は世界的に見れば必ずしもマジョリティーではない．英語の影響の大きさに脅威を感じたフランスの政府は，英語の流入を防ごうと英語の商品名をフランス語に変えさせようとしたり，英語の曲をラジオで流すことに制限を加えたり，過去さまざまな努力をしたことがある．けれども，英語はほかのどの言語より国際語と呼ばれやすい言語であり，フランスでも子どもたちに英語を学ばせることは認めざるを得ない．日本人も植民地で日本語を強制した歴史を持つし，ろう学校では手話を禁止してきた．この場合，日本語話者がマジョリティーである．一方，日本人は自ら英語を学ぶことに，あるいは子どもたちに学ばせることにきわめて熱心であり，国際的な場で英語を母語とする人たちが有利であることを羨ましく思ったり，不公平だと不満に思ったりする．この場合は英語話者がマジョリティーで，日本語話者はマイノリティーである．このようにある言語の話者がマジョリティーになったり，マイノリティーになったりする．ざっと見渡してみると，英語という言語はつねにマジョリティーであるように見える．そして手話者はつねにマイノリティーであるように見える．なぜならば自然なコミュニティーでは聞こえる人が聞こえない人より少ないことはまずないからである．英語は究極の多数言語であり，個々の手話は究極の少数言語であるというふうに見えなくもない．

　しかし，英語のネイティブ・スピーカーと言えども，どこに行っても英語が通じるわけではなく，英語の通じないコミュニティーに行けばたちまちマイノリティーになる．世界的に見れば，英語が公用語の一つであるアジア・アフリカの国々で，最近になって現地語の影響を強く受けた英語の変種やピジンがどんどん強くなって，話者が英米の英語よりもその変種やピジンのほうを自分たちの正しい言語だと主張し始めている．さらに，アメリカでも英語をことさら法律で国語と定めようという動きが起こるほど，地域によっては英語は他言語に圧倒されつつある．

　一方，ろう者はどの国でも地域でもマイノリティーであるが，世界的に見ればたいていどこにも存在し，その意味で国際的には決してマイノリ

ティーではない．それぞれの手話には視覚言語であることの共通性があり，それぞれのろう文化には視覚中心の文化であるという意味で共通性は少なからずある．また，ろう者は聞こえない言語を強要されたり，音声重視の世界に住む不自由さと戦ったりという共通の体験も持つ．このため，ろう者の国際的連帯は強い．そして聴者にとっての英語とは違う，ろう者の真の国際共通語を持つ可能性もある（第3章2節参照）．しかし，個々の手話は互いに外国語であり，一つ一つの手話はやはり必ず少数言語である．

　少数言語と多数言語という概念は，複数の言語が存在することによって現れる．そして手話同士も接触によって，淘汰し合い，あるいはピジンを生むこともある．たとえば植民地の場合には，しばしば淘汰が起きる．フィリピンのように，スペイン手話とアメリカ手話でろう教育が行われたことによって，それ以前の現地の手話については調べることが困難な国もある（森 2005）．またアメリカ手話のように，いくつかの手話（フランス手話やマーサズビンヤード島の手話等々）の接触によって生まれたものもある．おそらくアメリカ手話も発祥の頃はピジンと呼べるものであったかもしれない．

　そして何より手話の場合，音声言語という多数言語との接触の中でこそ，つねに少数言語であり続けてきたのである．手話は必然的に少数言語であるが，話者の生理的・認知的な特性がマジョリティーの持つ音声言語に適さないために，かえって消滅の危機にさらされにくいという強みがある．音声言語が聞こえないろう者は，聴者の少数言語者のように簡単に多数言語の話者に変わることはないからである．

母語としての手話

　複数の言語が接触することで，必要に迫られてできたピジンには，必要最低限の言語の姿が現れるとも言える．この中にさまざまな既存の言語の規則に共通する普遍文法を見出そうとする研究者もいる．一方，周りに聴者がいない環境で育つろう児が，言語を遮断されて育ち，そこで生み出す身振りを規則化し，身振りに言語性を表していく様子に普遍文法を見出そうとする研究者もいる（第1章3節参照）．

　必要最低限の言語が普遍文法を持った人間言語の共通項であるとした

ら，それに対して複雑な自然言語というのは何なのであろうか．ピジンがクレオールになると，より複雑になり，ピジンの性質を持たなくなり，さらに使われ続けると接触言語の特色は薄れ，既存の自然言語と同じようになる．そうなると，その言語はもはや母語としない人には学びにくくなる．しかし，聞こえない子どもがあえて母語としたがるのは，複雑な文法を持った自然に生まれた手話である．子どもは必ずしも人工的に簡素化した必要最低限の言語のほうを好むわけではない．また，現実の世界をそのまま写したわかりやすい身振りが与えられても，それを見て育つ子どもはあえて複雑な規則を作り出し，やがて規則から逸脱した例外も生み出す．

　ピジンの文法が単純で矛盾がなく覚えやすいとしても，複雑で外国人にとってきわめて覚えにくい母語でないと表現できないことが人間にはたくさんあり，母語でないと詩などの芸術を自由自在に生み出すことも難しい．この複雑な自然言語の母語性こそが，言語の本質かもしれない．つまり，普遍文法と呼ばれるようなものが存在するとしても，それだけでは母語にならないのである．長い歴史を持ち，人々の文化に根づいた言語は，複雑で文法に例外が多く矛盾も含む．しかしそのような言語こそが母語なのである．

　母語性をもつ手話は，音声言語とのピジンや，手指音声言語という視覚言語らしさを持たない手話と共存する運命にあってもやはり消滅しないし，この母語性こそが，ろう者が自分たちの自然な手話に誇りを感じる所以であろう．

手話者のマジョリティーとマイノリティー

　一つの言語は必ず変化し，分化していく．その中でさらに話者が多数のものと少数のもの，ステイタスの高いものと低いものなどというふうに，強弱の関係ができてくる．一つの音声言語の中にも，地理的・社会的・歴史的バリエーションが生まれる．手話も変化し，分化していく．手話者の中に，音声言語に強く影響を受けた手話を話す人がいるのも一つのバリエーションである．その際，社会の状況によって，たとえばろう者の自然な手話が認知される前のアメリカのPSEや日本の中間手話のように，もとの言語よりもピジンのほうが社会的ステイタスが高くなることもある．音

声言語でも，旧植民地で現地語よりも，ヨーロッパの言語とのピジンから進化した言語のほうが高いステイタスを持ったことがある．それと同じである．

　しかし，手話が音声言語とはまったく別の「言語」であるとひとたび認められると，ろう者の自然な手話を母語とする人たちのほうがピジン的な手話を使う人よりも優位に立ち，自分たちの手話のほうが正しいと主張するようになる．話者の数としては少ないろう者の自然な手話のほうがマジョリティーであると感じられるようになる．2006年，国連の障害者の権利条約が手話を言語として位置づけ，ろう者の言語的・文化的アイデンティティーの促進を掲げたのを始め，世界的に手話を言語と認め，ろう者の人権を守るようになってきているため，この傾向は強まっている．それは自然な手話を母語とする人の主張だけでそうなるのではなく，聴者の親を持ち，自然な手話を母語としない人であっても，聞こえない人ならばろう者の自然な手話を言語らしいと感じるからであろう．話者の母語である既存の言語は，ピジンなどに比べて複雑で，外国人には覚えにくく不便であるが，人は伝統的な既存の言語のほうを言語らしいと感じるのである．それが自然に生まれ，代々引き継がれてきた言語の母語性とも言えるものであろう．

　この章では，少数言語という視点で，手話を見てきた．手話とろう文化が，聞こえる人の言語・文化に囲まれていることとそのことが手話やろう者に与える影響を考えるとき，マジョリティーとマイノリティーの接触が生む普遍的な社会現象や言語現象が見えてくる．

　手話が言語である限り，接触や分化を繰り返しても不思議ではない．その中で接触言語としてのピジンが生まれたり，分化の産物である方言差，性差，世代差などが生まれたりする．こうして一つの手話の中にバリエーションができるのである．手話のある一つのバリエーションを自分の母語とする人たちは，標準的手話を母語とする人たちから見てマイノリティーになり，手話者というマイノリティーの中のさらなるマイノリティーになる．次章ではこのような手話のバリエーションについて論ずる．

[参考文献]

Baker-Shenk, C. & D. Cokely, 1980, *American Sign Language*, Clerc Book, Clerc Books.

Battison, R. & I. K. Jordan, 1976, "Cross-cultural Communication with Foreign Signers: Fact and Fancy", *Sign Language Studies*, 10, 53-68.

Bellugi, U. & S. Fischer, 1970, "A Comparison of Sign Language and Spoken Language", *Cognition*, 1, 173-200.

Belmont, J., M. Karchmer & J. W. Bourg, 1983, "Structural Influences on Deaf and Hearing Children's Recall of Temporal/Spatial Incongruent Letter Strings", *Educational Psychology*, 3, 3-4, 259-274.

Butler, R. N., 1989, "Dispelling Ageism: The Cross-Cutting Intervention", in M. W. Riley & J. W. Riley Jr. (eds.), *The Quality of Aging: Strategies for Interventions*, Special Issue, *The Annals of the American Academy of Political and Social Sciences*, 503, pp. 138-147.

Coleman, L. M. & B. M. DePaulo, 1991, "Uncovering the Human Spirit: Moving Beyond Disability and 'Missed' Ccommunication", in N. Coupland, H. Giles. & J. M. Wiemann (eds.), *"Miscommunicaion" and Problematic Talk*, Newbury Park, Sage.

Coupland, J., J. F. Nussbaum & N. Coupland, 1991, "The Reproduction of Aging and Agism In Intergenerational Talk", in N. Coupland, H. Giles. & J. M. Wiemann (eds.), *"Miscommunicaion" and Problematic Talk*, Newbury Park, Sage.

Fischer, S., 1978, "Sign Language and Creoles", in Patricia Siple (ed.), *Understanding Language through Language Research*, New York, pp. 309-331.

Jordan, I. K. & R. Battison, 1976, "A Referential Communication Experiment with Foreign Sign Language", *Sign Language Studies*, 10, 69-80.

Lucas, C. & C. Valli, 1990, *Sign Language Research: Theoretical Issues*, Gallaudet University Press.

Mayberry, R. I., 1978, "French Canadian Sign Language: A Study of Inter-Sign Language Comprehension", in Patricia Siple (ed.), *Understanding Language through Language Research*, New York, pp. 349-371.

Seigel, J. P., 1969, "The Enlightenment and the Evolution of a Language of Signs in France and England", *Journal of the History of Ideas*, 30, 96-115.

Woll, B., 1984, "The Comparative Study of Different Sign Language: Preliminary Analyses", in F. Loncke, P. Boyes-Braem, Y. Lebrun, Swets & Zeitlinger B. V. (eds.), *Recent Research on European Sign Languages*, Lisse, pp. 79-91.

—————, 1990, "International Perspectives on Sign Language Communication", *International Journal of Sign Linguistics*, vol. 1, No. 2, 107-120.

Woodward, J. C. Jr., 1978, "Some Characteristics of Pidgin Sign English", *Sign Language Studies*, 3, 39-46.

—————, 1978, "Historical Bases of American Sign Language", in Patricia

Siple (ed.), *Understanding Language through Language Research*, New York, pp. 333-348.

―――――, 1987, "Sign Language Continuum", in John van Cleve (ed.), *Gallaudet Encyclopedia of Deaf People and Deafness 3*, Mcgraw-Hill Book Company, Inc., pp. 157-159.

グロース，ノーラ・E.，1991，『みんなが手話で話した島』佐野正信訳，築地書館．(*Everyone Here Spoke Sign Language*, 1985)

斉藤くるみ，1993，「手話と音声言語の関係について」『ICU 英語研究』，3, 1-23頁．

斉藤くるみ，2003，『視覚言語の世界』(改訂増補，2005)，彩流社．

長南浩人，2005，『手話の心理学入門』東峰書房．

(新聞)

米内山明宏，「ろうを否定する思想にNO」『朝日新聞』(1999年10月8日付朝刊)

「スマトラ沖地震(12月26日発生)ろう者の安否は?」『日本聴力障害新聞』(2005年2月1日)

(学会発表・講演)

森壮也，2005，「フィリピンのろう教育史とフィリピン手話」日本手話学会第31回大会

米内山明宏，2005「理想のろう教育」龍の子学園親の会主催，於世田谷福祉専門学校(2005年3月26日)

(インターネット)

Laurent Clerc National Deaf Education Center, Gallaudet University, 2006, "States That Recognize American Sign Language as a Foreign Language", http://clerccenter.gallaudet.edu/InfoToGo/051ASL.html

Gallaudet University Library, Deaf Related Resources, 2006, "Frequently Asked Questions: Sign Languages of the World, by Country", http://library.gallaudet.edu/dr/faq-world-sl-country.html

バイリンガル・バイカルチュラルろう教育センター，http://www.bbed.org

第3章

手話のバリエーション

手話者はマイノリティーであるが，その中にもさらにサブグループがある．言語は変化するものであり，話者がサブグループに分かれ，そのグループの言語がそれぞれに変化していくことによってバリエーションが生まれる．言語は時とともに変化するものであるから，サブグループによる変種ができ，その分化した複数のバリエーションが長い時を経て，それぞれ新たな言語になっていくこともある．一方，別の言語同士が接触して新たな一言語になることもある．手話も例外ではない．

　手話にも音声言語と同じように，地域差（いわゆる方言），性差，世代差，人種差などのバリエーションがある．また日常会話と演説の違いや，内容が差別を含むものかどうかなど，社会的あるいは内容的コンテクストでもバリエーションが生まれ，同じ手話者がコンテクストに応じて意識的・無意識的に表現を選ぶこともある．

　言語のバリエーションというからには，標準と考えられる言語があるわけであるが，それは教育機関で正しい言語として教えられているものであったり，辞書や文法書に載っているものであったり，あるいは大多数の話者がこれが一番誰にでも通じる言い方だと思っているものであったりする．しかし，必ずしもバリエーションを使っている人が，それが標準形ではないと知っているとは限らない．反対に帰属意識からあえて意図的に標準形ではなく，バリエーションを使う人もいる．このようなことは手話でも，音声言語でもまったく同じである．

　ある手話の中で，別の手話の影響を著しく受けているバリエーションもある．極端な場合，複数の手話が混ざり合って，新たな手話になることも考えられる．実際，ヨーロッパを中心としたいくつかの手話が混ざり合って，国際手話というものができてきた．このような変化が見られるのも音声言語と同じである．

　親から子へと引き継がれる確率の少ない手話の場合，ろうファミリーで育ったろう者と，聴者の家族の中で育ったろう者の手話の違いも，当然バリエーションとなっていく．ろう者と聴者との接触によるバリエーションの極端な例として，手話と音声言語とのピジンが現れることもあるのは，第2章で述べた通りである．さらに，手話を母語とする盲ろう者も存在し，彼らの触手話は一つのバリエーションであるが，これは視覚言語から

触覚言語への変換という意味で特異である．

このような手話のバリエーション，そしてそれによる分化や融合は，手話の言語性を証明すると同時に，その変化の方向から視覚言語ならではの特徴も示してくれる．さらに，ろう者の中の社会的構造も見せてくれる．

1——手話のバリエーションと手話者のサブグループ

ろう者の中のマイノリティー

ろう者はマイノリティーであるが，ろう者の中にさらに社会的マイノリティーが存在する．たとえば，ろう者で同性愛者であるとか，外国人の子どもがろう者に生まれた場合であるとか，アメリカならば先住民や黒人などのろう者もいる．アメリカは手話研究の最先進国であると同時に，多民族社会でもあるので，このようなろう者の中のマイノリティーについての研究も進んでいる (Christensen 2000, Davis & Supalla 1995, de Garcia 1995, Lucas 1995, Lucas 1996 など)．ろう者のサブグループがコミュニティーを作れば，手話は当然その中で特有の変化をする．あるいはマイノリティーであるがゆえに十分なろう教育を受けられず，手話を獲得できない子どももいる．たとえばアメリカで，英語話者でない聴者の子どもがろうである場合，教育の場はその子にとって異文化であり，書記英語も家庭で見たことがない可能性がある．一方，アメリカの先住民には伝統的に，ろう者のみならず手話を持っている種族もいる．そのような種族の中で生まれたろう児は，その手話を使うこともある．

また社会的に差別を受けてきたサブグループには，そのことを反映する特別な言語問題もある．1993 年，ラベンダー言語学会という同性愛者の手話のワークショップが開かれ，ワシントン，バージニア，メリーランドから 35 人のろうの同性愛者が集まって，同性愛者のコミュニティー特有の手話の語彙について，政治的に適正 (Politically Correct) であるかどうかなどが話し合われた．同性愛に関する語彙には，聴者の社会側から侮蔑的に生まれた単語の翻訳である手話単語や，ろう者の中で差別語と感じられるようになってきたものがあり，同性愛のろう者のコミュニティーでのみ

使われているものもある．

　ろう者の階層差というものもあると言われる．特にアメリカでは，ギャローデット大学を出ていることがろう者のエリートとみなされ，彼らの手話の方がステイタスが高いと見られる傾向がある．他の国ではそのようなはっきりしたものはないが，親もろう者である人たちの手話が，ろう者の中ではエリートと感じられる傾向があるという．もちろん日本のように，教育機関で手話を禁止してきたために，多くの学歴の高い人の手話は音声言語と手話のピジン（中間手話）や手指音声言語（日本語対応手話）であるため，そういう手話が社会的エリートだと感じられる社会も多い．アメリカでも30〜50年前にはその傾向は強かった．しかしその一方で，聴者の社会でのエリートであるということとは別にろう者の中で自然に生まれた，手話を話す人こそが手話に堪能で，ろう文化をよく知っているのであり，ろうコミュニティーの中のエリートとされる傾向もあった．

　現在，手話が聴者社会からも言語であると認められるようになってきたために，さらにろう者の自然な手話のステイタスが上がっていると思われる．音声言語でもその言語の伝統的な形を母語とする人は，そこから逸脱したものや，そこに新たな要素が入ったものには違和感を感じ，時には間違えだとして軽蔑することもあるが，手話の場合，そのような心理的な問題だけではなく，音声言語の要素が入ると視覚言語として純粋に生まれた手話よりも物理的・認知的に能率が悪くなるという要素もある．もちろん，そのようなバリエーションも聞こえない人によって使い続けられれば，視覚言語らしさを増していく可能性があるのはピジンのクレオール化，脱クレオール化について述べたとおりである（第2章3節参照）．しかし，手話というのは親から子に伝えられる確率が低い（約10分の1）ので，ピジンが自然言語になっていくという変化が，音声言語と同じように起きるわけではない．

　手話者というマイノリティーの中で，さらに分化したサブグループの手話のバリエーションを調べるのは必ずしも容易なことではない．調査する人はサブグループの一員ではないことがほとんどであり，実態はつかみにくい．しかし，手話という言語の特徴やろう者の社会を知るためにも重要な研究である．マジョリティーである聴者との共存のために必須な手話通

訳にとっては，音声言語・手話双方の方言などのバリエーションをどう訳し分けるかは非常に難しい問題であり，その点でも手話のバリエーションの研究は不可欠である．

音声言語の場合，なまり，独特な単語，文法の違い，つまり音韻論，形態論，統語論というそれぞれのレベルにバリエーションが生まれ得るように，手話の場合もさまざまなレベルの変化がバリエーションを作っていると考えられる．以下では，主に単語のレベルのわかりやすい例を挙げていく（アメリカ手話については Baker-Shenk & Cokely 1980, Lucas, Bayley & Valli 2001, イギリスなどヨーロッパの手話については Sutton-Spence & Woll 1998 を主に参照）．

手話変化の傾向

地域差（いわゆる方言）であれ，年齢差であれ，手話が自然に変化することによってバリエーションが生まれる場合，その変化には傾向がある．

まず受け手の視覚的な制約がある．それは第1章でも述べたように，言語とは認識を共有するための記号だからであり，人間のコミュニケーション能力というのは受け手に伝えたいことがどう伝わるかを理解できる能力だからである．手話の場合も，話者は自分の姿は見えなくても，自分の姿が受け手からどう見えているかは無意識のうちにわかって手話を生成する能力がなければならない．すでに述べた育児語などにはそのことが明らかに現れている．

手話者の視覚の中心は，相手の手ではなく顔であることが確認されている．つまりネイティブ・サイナーは，手話の一部である視線・口型などに焦点をあてて見ているのである．指文字を見るときだけは手に焦点が集められるが，手話の手指動作は周辺視野で見ているという．したがって，手による単語は顔の近くで示されるほど理解に有利である．アメリカ手話の単語の75%は，手の位置が頭・顔・首の周辺のものである．また顔の周辺の単語は片手だけで表すものが多く，ウエスト周辺の単語は両手で表すものが多いのも，顔から遠くなるほど識別しにくいからであると考えられる．そうなっていない単語の場合，そうなる方向で自然に変化することが多い．つまり顔から遠いもので，片手だけの単語や左右違う手型の単語は，両手が同じ手型のものに変わりやすいということである．そして顔の

前で作られる単語は，顔の表情が見えにくいため顔を隠さない周辺に移ることが多い．

アメリカの NAD (National Association of the Deaf) が所蔵する映像によると，1910〜1920 年頃の手話は，現在のアメリカ手話よりももっと下の位置で表していたものが多かったのがわかるという．顔に近づく方向に，つまり認知に有利な方向に変化していると言える．また顔の付近の単語，すなわち視覚の焦点に近い単語は両手だったものが片手になる傾向があり，ウエスト周辺の単語は片手に変化しているものは少ないという．

次に送り手の身体的な制約もある．アメリカ手話の場合，原則として両手とも動かす単語は，手型・位置・動きが同じになり，両手が別々の手型の場合，利き手は動かすが，もう一方の手は動かさない．動かない方の手の手型はほとんどアメリカ手話の無標の手型 (unmarked handshapes) (図 1-13)，つまりアメリカ手話を母語とする子どもがまず習得する基本的な手型である．一方，それ以外の複雑な手型を有標の手型 (marked handshapes) と言うが，これはほぼ利き手にだけ現われ，アメリカ手話だけでなく多くの手話で，全単語の 10% 以下にしか使われていない (Pettitto & Marentette 1991)．これは子どもの手話習得においても，自然に後回しにされる手型であるが，人工的に聴者が作る単語にはときどき使われる．もっともそのような人工的手話はろう者の中で定着しないことが多い．話し手にとって作りにくい手型は，受け手から見ても認知しにくいものが多く，したがって顔の近くに来ることが多い．また二つの手型が連続して現われる単語の場合，同じ手型の方が表しやすいため，一つの手型になることがある．これには前の手型が後の手型と同じものに変わる場合と，後の手型が前の手型と同じものに変わる場合がある．

また，それぞれの手話で特有のバリエーションがある．アメリカ手話の図 3-1 の二つの手型は同じ単語のバリエーションとして現れる．RABBIT (図 3-2)，FUNNY，NAME など多くの単語でどちらの手型も使われる．

後で紹介する「小指立て」(Pinky Extention) も同じような例である (図 3-11)．このようなバリエーションはアメリカ手話で見られるからといって，どこの手話でも同様に見られるわけではない．ある手話の中でのみいくつかの単語で同じように現れる規則的なバリエーションというものがある．

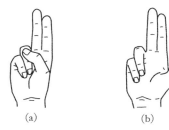

(a)　　　　　　　(b)

図 3–1　アメリカ手話の手型

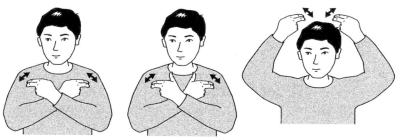

(a)　(a)を使った場合　(b)　(b)を使った場合　(c)　RABBIT のバリエーション

図 3–2　アメリカ手話の RABBIT

辞書ではたいてい RABBIT も FUNNY も NAME も図 3–1 の (a) の形が出てくる．たとえば日本語で「やっぱり」「ぴったり」を「やっぱし」「ぴったし」と言う人がいるが，あらゆる単語で「り」と「し」がどちらでもよいわけではない．日常のインフォーマルな会話で，ある人が「やっぱり」と言ったか「やっぱし」と言ったかは特に気にもとめない場合が多い．しかし，外国語の話者には「り」と「し」が交換可能であることは不思議なことである．それと同じような現象なのである．

手話の方言（地域差）

どこの手話にもたいてい地域差はある．いわゆる方言である．ろう者の方言には，音声言語の方言とは違う，ろう学校という特別な要因がある．ろう者の言語・文化は主にろう学校の中で引き継がれていくからである．親が必ずしも手話やろう文化を知っているわけではないろう児たちは，ろう学校で手話やろう文化を覚えていくのである．必ずしも地理的には隣接

していなくても，ろう学校の教師が同じ教育を受けている場合，そのいくつかのろう学校を中心とする地域の手話は似ているということがある．

日本手話のバリエーションはアメリカ手話のバリエーションほど研究は進んでいないが，最近では，各地方のろう者・聴覚障害者の団体からその土地の手話を紹介する本が出版されるようになった．たとえば大阪聴力障害者協会・大阪手話通訳問題研究会・大阪手話サークル連絡会の『これが大阪の手話でっせ』(2001)では，大阪の手話に「すんまへん」「けったいな」(図3-3)，そのほか「できまへん」「なんで知ってんねん」などの大阪弁も交えて紹介している．東京の手話と比べてみると違いが面白い(図3-4)．

日本手話の方言というと，最も有名なのは「名前」の単語が西と東で違うことである(図3-5)．またアメリカ手話のBIRTHDAYは地域によって4種類あるという(図3-6).

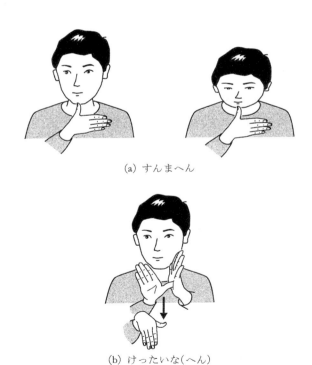

(a) すんまへん

(b) けったいな(へん)

図3-3 大阪の手話

欧米では，ろう者は他の地域の手話を知ることが少ないため方言が保たれる傾向が強いという研究者もいる．手紙は手話で書くわけではないし，遠くのろう者と電話で話すということもあり得なかったからである．いまではテレビ電話もできたし，手話によるブロードキャストを持つ国も多くなってきたので，手話の方言は消える方向に向かっていると言えるであろう．そうなると，若いろう者は高齢のろう者ほど方言を知らないということになる．これはまた年齢差というバリエーションと捉えることもできる．

　すでにスウェーデンでは，各地の手話方言が消滅しつつあるので，古い手話の記録が急がれている(ヘドバーグ 2002)．その目的は，どのろう学校の地域で，いつごろどんな手話が使われていたかを検証することであるという．手話とろう文化は親から子へと伝えられていく保証のないものであり，それを伝えるのはろう学校というコミュニティーである．ろう文化の継承はろう学校が生命線なのである．

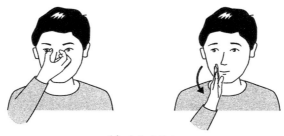

(a) すみません

(b) へんな

図 3-4　東京の手話

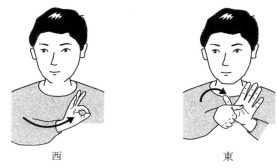

西　　　　　　　　　東

図 3-5　日本手話の「名前」

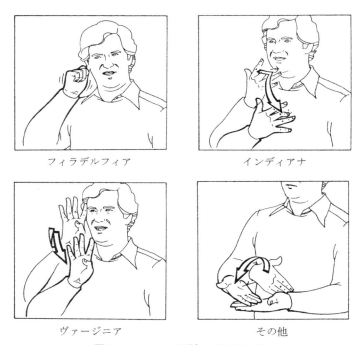

フィラデルフィア　　　　　インディアナ

ヴァージニア　　　　　　　その他

図 3-6　アメリカ手話の BIRTHDAY

手話の年齢差

　音声言語に比べて，手話の年齢差は大きい傾向がある．その理由は，親がろう者であるろう者は少ないために継承が途絶えがちであること，教育

制度の変化によりろう者の言語行動が大きく変わることなどである．教育機関で手話が禁止されたり，音声言語を手指に置き換えたものが使われたりすれば，その世代の手話にも当然影響がある．

アメリカ手話では，手型が左右対称でないものが左右対称に変わるとか，二つの手型が続いて現れる単語の場合，前の手型が後の手型と同じ手型に変わったり，後の手型が前の手型と同じ手型に変わったり，顔の前で表していた単語が顔の周辺に移動するなどの変化がしばしば見られると先に述べたが，現在そのような変化が起きつつある単語の場合，年齢によって年配の人ほど古い形を使い，若い人ほど新しい形を使うという現象が見られる．

日本手話では，20世紀初頭の手話禁止の時代からいまだ教育言語として認められていないことが影響していると思われる例がある．それは非手指記号の手指記号による置き換えである．たとえば「とても寒い」と言うとき，高齢の手話者は「寒い」という単語と同時に目を細める非手指記号で表すことが多いが，若い手話者には「寒い」という単語と「とても」という単語を続けて表す人が多い．また理由を表す接続詞にあたるうなずきを，若い手話者は「だから」という手指記号で表す傾向がある．これらはろう学校での手話使用が禁止されてから，次第に日本手話は日本語的になってきたということかもしれないし，またむしろ最近になって手話が厳しく禁止されなくなったことや，聴者も手話に興味を持つようになったため，日本手話が日本語を借用しやすくなったとも言えるかもしれない．

反対に，アメリカではもっと早く手話禁止の時代が終わったため，現代の若い人の手話が，手話ならではの要素を強めつつあると言われる．たとえば高齢者のほうが音声言語の構造にひかれて，代名詞を逐一表す傾向があるという．

イギリスでも，教育制度が手話の年齢差に現れている．1940年代より前に教育を受けた人は読唇と指文字中心の授業であったため，手話に指文字が多く入っていたり，指文字がうまいという特徴があり，それ以降に教育を受けた手話者の手話とは違うという．1940年代以降は，補聴器などの進歩で，残存聴力を活かして英語を聞くことに力を入れるようになったため，指文字すらあまり使われなくなった．イギリスの場合，一貫して口

図 3-7　イギリス手話の TELEPHONE

話教育が主流であったが，寄宿制があったため手話は寮で使われていた．1970 年代からは手話を使うことが認められ始め，現在では授業で手話を使うこともある．この点が日本と違うところである．しかし一方で，インテグレーションが進み，いくつかのろう学校が閉鎖されたため，幼いうちに手話にさらされるろう児が少なくなり，そのことがまたも手話を変えている可能性が高い．

　手話の年齢差にはテクノロジーの進歩なども反映される．たとえばイギリスでは年齢によって 3 種の「電話」という単語がある (図 3-7)．日本語で，もはやレコードはなくても年配の人は「CD 屋」ではなく「レコード屋」というのと同じである．

　先ほど述べたように，高齢のろう者は方言をよく使うが，若いろう者はメディアに現れる標準的手話を使う傾向がある．この違いは多くの手話で共通の年齢差と言えるであろう．

手話の性差

　手話の性差は，その社会の事情で現れ方が違う．アイルランドやベルギーなどカトリックの国では，最近まで男子校と女子校が分かれていたために，男女の手話がかなりはっきりと違う．社会に出て，異性とコミュニケーションをとるために新たな手話を覚えなければならないこともあったようで，この大きな差は年配の人たちにいまだに残っているという．日本の場合，日本語の性差に比べると日本手話の性差は大きくないと言われる．アメリカでも，あまり性差は大きくないと言う．ただし，アメリカ手話では女性が古い世代の単語を，男性は新しい単語を使う傾向があるので

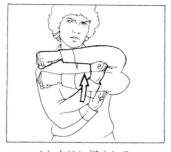 

(a) 女性に好まれる　　　　　　(b) 男性に好まれる

図 3-8　アメリカ手話の SUPPORT

はないかと言われている．SUPPORT という手話はその例である（図 3-8）．この肘を使うものが手を使うようになるという動きの変化は，手話変化の一つの傾向であり，フランス手話でも同じ変化が見られ，しかもやはり女性のほうが古い形をよく使うという（Woodward 1987）．

手話の人種・民族・宗教差

　アメリカでは，白人と黒人の学校が分かれていたために，白人アメリカ手話と黒人アメリカ手話がある．そして学校の分離政策はなくなったが，いまだにろう者のコミュニティーの中心であるろうクラブは白人と黒人で分かれているところが多く，アメリカ手話最大の方言差と言われている．南部の黒人の手話は古い形が残っている場合が多いという．面白いのは，黒人は両方の手話を知っているが，白人は白人アメリカ手話しか知らない人が多いということである．マイノリティー言語の話者はマジョリティー言語を学ぼうとするが，逆は多くないというのは音声言語でも同じである．日本語でも，地方の方言を母語とする人は東京方言もある程度話せる人が多いが，東京方言話者は地方の方言を学ぶことはめったにない．また国際的に見ると，英語を母語としない人は英語を学ぼうとするが，英語圏の人は英語以外の言語をあまり学ばない傾向がある．方言と違って，英語を知らない場合まったく通じないということも多く，非英語話者は必要に迫られて英語を学ぶことが多い．

　カナダでは，英語話者の家族出身のろう者はアメリカ手話を，フランス

語話者の家族出身のろう者はケベック手話を話すというふうに分かれている.

イギリスでは，カトリックのろう者はプロテスタントのろう者とかなり手話が違っており，アイルランド手話の影響を強く受けている．これはカトリックのろう者は，アイルランドの修道士・修道女によるろう教育を受けることが多く，またアイルランドで教育を受けた聖職者がカトリックのろうコミュニティーに入っているためであるという．ユダヤ教のろう者の手話も少し違う．ロンドンにあったユダヤ教徒の口話主義のろう学校で，1930年代にドイツからの難民の子どもを受け入れてからは，手話を認めたためである．この学校は1960年代に閉鎖されたため，高齢者にしかこの影響はなく，その後のイギリスのユダヤ教徒の手話にはイスラエル手話の影響のほうが大きいという．またイギリスにはナイジェリア系，パキスタン系，ギリシャ系などのエスニック・グループもあり，その中のろう者の手話にバリエーションがあるだろうと言われている.

人種・民族・宗教的マイノリティーの特殊な手話のバリエーションを母語とする言語学者はいまのところほとんどいないので，この分野の研究はあまり進まないという問題がある．たとえば聴者や白人のろう者が調査をしても，アメリカ南部黒人のろう者は，調査する人の標準的な手話に合わせて話してしまうため，特に文法などについては実態をつかむのは非常に難しい.

文脈・状況によるバリエーション

一人の人間が同じ言語を使う場合でも，話す相手によって，内容によって，あるいは場所によってバリエーションが現れる．

イギリス手話ではフォーマルな場よりインフォーマルな場のほうが，手話を表す空間が広くなり，指文字の使用が少なくなり，顔の表情など非手指記号の使用が増えるという．そして手の動きは曖昧になり，両手の単語が片手になることもある．

アメリカ手話でも「わからない」という表現をフォーマルな場ではDONT KNOWと二つの単語で表すが，インフォーマルな場ではNOT-KNOWという一語で表す(図3-9)．DEAFにも二つの表現がある(図3-10).

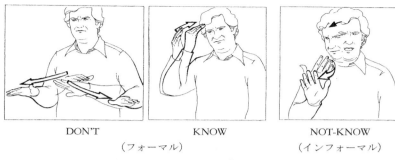

図 3-9　アメリカ手話の「わからない」

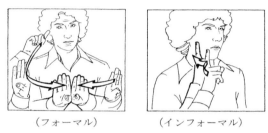

図 3-10　アメリカ手話の DEAF

　また単なる癖のようなバリエーションもある．図 3-2(c) のアメリカ手話の RABBIT などに見られるバリエーションもそうであるし，「小指立て」(Pinky Extension) は標準的な手型に加えて小指を立てるものでしばしば見られるが，使用の文脈ははっきりしない．まったく小指を立てないサイナーもいるし，立てる人も必ず立てるわけではないという．

　R・フープスはこの小指立てについて詳細に調べた (Hoopes 2004)．そして，まず身体的制約があることを指摘している．つまり小指を立て得る手型の単語かどうかということである．そして言語学的(音韻論的)制約もある．たとえば小指を立てたら別の意味の単語になる場合には現れない．実際には音韻論的に可能でも起きない手型もあり，小指立てが起きる手型は 9 種に限られているという (図 3-11)．

　単語の意味によって，小指立てが起きるもの，起きないものに分けられるかどうかは判明しなかったが，圧倒的に動詞が多いとのことである．同じ単語で小指立てが起きるときとそうでないときを比べると，起きやすい

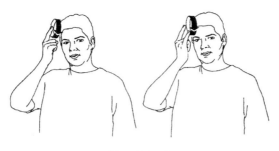

(a) WONDER

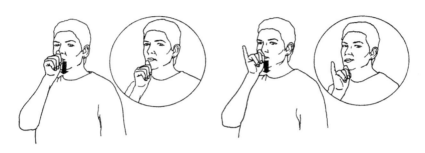

(b) TOLERATE

図 3-11 アメリカ手話の小指立て

のはその話題の中で繰り返し使われる単語，休止の前，そしてその単語が二倍ぐらいに長くなった場合であるという．

以上のような文脈・状況によるバリエーションは，その手話者が属するサブグループとは関係なさそうであるが，確かに体系的に存在するものもある．

同性愛者の手話

社会的にマイノリティーである場合，言語使用に差別問題が関係してくることも多い．M・S・クラインフェルドとN・ワーナーは，ギャローデット大学内で教員・職員・学生の中からろう者の同性愛者を6名，手話通訳者の同性愛者を5名，同性愛者でないろう者6名，同性愛者でない手話通訳者8名を集めて調査を行った（Kleinfeld & Warner 1996）．ろう者については同性愛者のために売られているカードやはがきの絵を見せて（英語

図 3-12 アメリカ手話の「HOMO-8」

を介さず)手話で説明させて録画した．「男性の同性愛者」を表す単語に11通りあり，「女性の同性愛者」を表す単語に7通りあり，さらに「バイセクシュアル」を表す単語には5通りあることがわかった．男性であるか女性であるかによって，またろう者か聴者かによって，そして出身地によっても，どれをどの程度使うかには違いがあることが明らかになった．

その後，被験者にそれらの単語についてどう思っているか，なぜ自分はその単語を使うのかなどを聞くためのインタビューも行った．その結果，たとえばゲイという単語には指文字の「G」と親指と人差し指であごを触る単語を組み合わせた「G＋chin」と指文字で「G-A-Y」と綴るもの(あるいはそれが手話化して「G-Y」となったもの)があるが，後者のほうが快いとされていて，これは女性の同性愛者が自分たちを呼ぶときにも使われている．「G＋chin」は同性愛者同士の会話で自分自身を指すときには使われるが，同性愛者でないものが使うと軽蔑的な意味になるという．ただし，西海岸では「G＋chin」に侮蔑的意味はないとも言われ，方言との関係はいまだ十分な研究がなされていない．

男性の同性愛者を表す単語にはもう一つある．それは「HOMO-8」という単語(図3-12)で，これには病理的ニュアンスがあり，軽蔑的と感じられるそうである．それに比べ「G-A-Y」は文化的な単語とされ，同性愛者にもそうでない人たちにも好まれている．「HOMO-8」は同性愛者の中では最近はほとんど使われないという．同性愛者でないろう者同士の間では使われることもあるが，同性愛者はこれに強い不快感を感じるという．

音声言語でも，マイノリティーを表すことばは，ときに差別語となる．

差別語は包含するニュアンスが変化しやすく，時とともに意味や使うことの是非が変わってきたり，使う人によって問題視されるか否かにも違いが出ることが多い．日本語の「ろう者」ということばも，聴者の中には聞こえない人に失礼なのではないか，「聴覚障害者」とか「耳の不自由な方」などのほうがよいのではないかと言う人がしばしばいるが，ろう者のほうはむしろ「障害」ということばのほうを嫌い，最近は「ろう」ということばを文化集団を表すことばとして歓迎する人が多い．

若者の流行語

最近の日本の学生の流行ことばを紹介しよう．筆者の周りの学生の間で流行っているのが，驚いたときにボタンを押して意外度を競うテレビのクイズ番組からできた単語である．片手でスイッチを叩く動きを，もう片方の手でランプが上にあがる動きを表すもので，「へえ」という驚きを表す．また従来の「なるほど」という単語とこの「へえ」という単語の混成のような手話で，驚きと納得を含む意味のものがある．

日本の大学の場合，もともと手話で教育を受けてきた学生はまずいないため，親がろう者でない限り，第一言語は日本語であり，手話も日本語対応手話や中間手話から覚える人がほとんどである．その手話が次第に日本手話に近づく人も多いが，日本語の影響は非常に強い．そのような学生の中には，音声言語からの借用語で新語を作る人もいる．たとえば「ありがとう」と言われたとき，「家」の単語を2回表して「いえいえ」と返す造語などがその例である．

「テレビゲーム」の単語は，かつて片手で指文字の「ふ」（ファミコンのフから）を表し，もう片方の手でパソコンのキーボードを表したが，若者はコントローラを持って両手の親指を動かす形で表してしまい，そのほうが一般的になった．指文字「ふ」とパソコンのキーボードで表す単語を知っている学生はほとんどいない．

2——ろう者の連帯と国際手話

国際手話

　手話を母語とするろう者同士は，外国人でも話が通じるとしばしば言われる．それぞれの手話は外国語であり，たとえば日本手話とアメリカ手話はまったく別の言語であるし，音声言語では同じ英語圏であるアメリカとイギリスで手話は互いに通じない．しかし，それでも音声言語の外国語よりは通じると言われる．それはなぜかということが，最近論じられるようになった．手話者にとって外国の手話はもちろん外国語であり，習得するのも大変であるし，難しい話が通じるようになるには，音声言語の外国語修得と同じように苦労して勉強しなければならない．しかし，簡単なことならば，数日接すれば少しは通じるようになるという．

　まず，手話は音声言語より図像的（iconic）な記号，つまり実際の形を見たまま表したような記号が多いので，ある程度通じるのではないかという考え方がある．音声言語では「さらさら」とか「わんわん」とかいうような擬態語や擬声語がこれにあたるわけで，音声言語の話者も，ことばの通じない外国人と話すときには擬態語や擬声語を使おうとするかもしれない．しかし，このような図像的な単語は手話の一部であり，それだけでコミュニケーションをとるのはやはり困難なはずである．

　別の手話同士が通じているというよりも，手話の中に混じっている図像的なものとジェスチャーとでうまく通じ合っているのではないかというのが，もう一つの可能性である．ろう者は手話ではないジェスチャーも使い方がうまいと言われる．そして，ろう者はジェスチャーを読み取るのも非常にうまいと言われており，たとえば電話ボックスで話している人を見ていて，そろそろ話が終わりそうだというようなことが，かなり正確にわかるという．お互いにそのような能力が優れていれば，それをコミュニケーションに利用するのは当然であろう．音声言語の話者もまったく別の言語をもつ外国人とコミュニケーションをとろうとするとき，ジェスチャーだけで少しは通じることもある．

　さらにもう一つ考えられるのは，空間を使い，視覚で認知する言語であ

ることによる必然的な文法構造がかなり共通しているのではないか，ということである．第1章で紹介したように，手話というのは，空間の中で単語を表す手の動く方向や単語と単語の位置関係で，音声言語の格変化や語順にあたる語と語の関係を表す言語である．これは普遍的であると考えられる．

　このように別の手話間でのコミュニケーションが発達したものに，国際手話というものがあり，最近かなり使われるようになってきた．この国際手話が，世界中のろう者の共通語になり得るかどうかはわからない．高度で正確なコミュニケーションにはとても使えないという人もいるし，英語が国際語になって英語を母語とする人だけが得をしていることを考えて，聴者の二の舞はふむまいとばかり，誰の母語でもない国際手話に期待するろう者もいる．もしも既存の手話が国際語となるとすれば，やはりアメリカ手話である可能性が高いからである．国際手話は単に別の手話を持つろう者同士がしばらく話しているうちに，ある程度コミュニケーションがとれるようになるというレベルのものではなく，国際会議などでかなり複雑な話題でも共通語として使われるようになってきており，国際手話の通訳者も生まれている．

　国際手話通訳者として活躍しているビル・ムーディは，1991年の世界ろう者会議で国際手話通訳者として来日したほか，2002年と2004年にも来日している（ムーディー 2004）．彼はもともとアメリカ手話の通訳者であったが，1976年から1983年，パリのインターナショナル・ビジュアル・シアター（IVT）というろう者劇団で通訳として働いたことがある．そのときにヨーロッパ各地の演劇祭に参加する中で，ろうの俳優や一般のろう者たちが，行く先々で国際的身振りを使ってコミュニケーションをとっているのを見て，そのコミュニケーション・システムの創意性と効率のよさに驚かされたという．それは「ジェスチューノ」と呼ばれたり，「国際ジェスチャー」と呼ばれたりしていたという．これはやがて「国際手話」と呼ばれるようになり，彼は1977年から国際手話で世界ろう者会議（World Congress of the WFD）や世界ろう連盟（World Federation of the Deaf, WFD）の理事会の通訳をするようになった．彼には国際手話の歴史などについての著作もある．

ちなみに彼のサインネームは，フランスのろう者が彼の癖からつけた鼻を親指でこするものだそうである．ろう者には手話による名前があり，それは必ずしも指文字などのように音声言語の名前とは関連のない場合も多い．音声言語からは独立した言語として，個人を呼ぶ名前の単語ができるのは当然であるが，日本語対応手話を使う日本のろう者には音声言語の名前をそのまま翻訳した手話や指文字を使う人も多い．音声言語話者の場合，外国語の名前は覚えにくいので，国際的な場面でムーディーの鼻をこする単語のような，個々の特徴を表した手話らしい名前が存在すると重宝であり，このあたりも，ろう者の共通語ができやすいことの一つの例である．

国際手話の歴史

　ろう者の間で国際的なコミュニケーション手段として使用される共通手話は，少なくとも150年くらい前から使われてきた．1834年から19世紀終わりまで，毎年パリではアベ・ド・レペ(18世紀フランスでろう学校を始めた人物．第5章1節参照)の生誕を記念して祝賀晩餐会が開かれ，ろう者の意見交換の場となっていた．この晩餐会には，たまたまパリを旅行していた人など多くの国のろう者が出席したため，この頃からだんだんヨーロッパのいくつかの手話の接触による共通手話ができつつあったと考えられる．ヨーロッパとアメリカのろう者が共通の課題を話し合う会議のたびに，「学校」「ろう」「教育」「手話」「口話」などという単語が共通の手話表現として固まっていった．当時フランスでは手話教育(「フランス法」と呼ばれた教育方法．第5章1節参照)が確立していたために，フランスの手話が世界的に大きな影響力を持っており，国際的な手話語彙はフランス手話の影響を強く受けた．

　その後，国際ろう者スポーツ委員会 (Comite International des Sports des Sourds, CISS) が1924年にフランスで，世界ろう連盟が1951年にローマで設立された．1985年には，ろう研究者の国際ワークショップも設立された．これらの場で共通手話が使われ，現在「国際手話」と呼ばれるものに発展してきた．

　この共通手話は，現在までに「ユニバーサル・サイン・ランゲージ(世

界共通手話)」「インターナショナル・ジェスチャー(国際ジェスチャー)」「ジェスチューノ」あるいは「インターナショナル・サイン(国際手話)」などとさまざまな名前で呼ばれてきた．その過程で，WFDが手話統一特別委員会というものを設置して国際的な手話を確立しようと試み，1975年，*Gestuno* という本にまとめられたこともあった．しかし，これはろう者から不満が多く，人工的に共通語を作ることは極めて困難であることを証明する結果となった．これは西側諸国と東側諸国の手話を同じぐらい採り入れようとしたこと，つまり自然に生まれた手話ではなかったことが失敗の一つの原因であった．「ジェスチューノ」は1977年コペンハーゲンで開かれたWFD家族に関する会議(WFD Conference of the Family)で採用されることになったが，そのとき通訳者たちは，ある程度語彙は利用するものの，それまでの経験から身につけた非公式な国際的な身振りを使って通訳したほうが通じるだろうと感じ，その方法によって話の内容を要約してかなりの成功をおさめた．もちろん話の内容をすべて伝えるような正確な通訳とは違うが，ほとんどの参加者が理解できたという．

1987年，フィンランドで開催された第10回世界ろう者会議以降，国際手話のプロ通訳チームが雇われるようになり，1989年にギャローデット大学で開催されたろう者の祭典デフ・ウェイや，1991年に東京で開かれた第11回世界ろう者会議へと引継がれた．現在は国際的なろう者の催しには欠かせないものとなってきている．

国際手話研究の言語学的意義

世界中のピジン(複数の言語が接触してできた言語)には共通の傾向があると言われている．これは，人間が言語をできるだけ簡略にしようとするときの共通のメカニズムを潜在的に持っているからだ，と考えることができる．ある範囲内でしか簡略化できない，つまりそれ以上，あるいはそれ以外の簡略化をしたら言語たり得ないという何かがあるのであり，ピジンには言語の最大公約数のようなものが表れていると考えられるのである．そこには言語の普遍的特性が見えるかもしれない．

ピジンでは文法規則や語彙の簡略化が起こるが，どのように簡略化されるかはそのピジンがどのように使われるかという社会的機能によるし，ま

た接触する複数の言語が似ているかどうかにもよる．商業的取引にのみ使われるならば，文法も語彙も複雑になる必要はないし，接触した言語が似通った言語であれば，あまり簡略化しなくても話者は互いに理解可能であり，そのようなピジンは，必ずしも言語の普遍的性質を表しているとは言えない．

　国際手話は機能的に，あるいは社会的に，確かに接触によってできたピジンであるが，言語学的には音声言語のピジンと何か違いがあるのか，また視覚言語の接触によって何が起きるのかがわかるという点で注目に値する．つまり，音声言語と視覚言語の違いがそこに現れるのか，それとも言語のモーダリティーに関係なく同じ性質が現れるのか，ということである．

　第1章で紹介したように，聞こえない子どもが自然に生み出すホームサインの規則を探る研究も進んでいる．ほとんど言語にさらされていない状態の子どもが表す身振りの中で自然に規則が生まれれば，そこに言語の普遍的特性が現れているのではないかと考えるわけである．一方，ピジンの研究はもともと個々の自然言語として完成している複雑な言語規則同士がぶつかり，簡略化されたときに，普遍文法が見えるのではないかと考えるのである．視覚言語のピジンに，音声言語のピジンと同じ性質が現れるならば，それは音声言語のピジンの共通の特徴を超えて，言語の普遍的性質が見えたことになる．

　第2章で紹介した，アメリカ手話と手指英語との接触によってできたPSE (Pidgin Sign English) や，日本手話と日本語対応手話との接触でできた中間手話も，一種のピジンと考えられてきたが，国際手話のピジン研究としての意義は，国際手話が音声言語のピジンと同じように，モーダリティーを同じくする自然言語同士のネイティブ・サイナーの自然な接触による混成言語であるということにある．PSEや中間手話の場合，背景に聴者がろう者に音声言語を覚えさせようとする意図があり，多くの英語・日本語の文法規則が温存されている．しかしPSEや中間手話も，ろう者の中で母語とする人が出てきたために変化を見せており，非手指記号(表情など)を使った文法規則ができるなどの点で，自然手話，すなわちアメリカ手話・日本手話に近づいていると考えられる．音声言語の特徴を持った

人工的手話が視覚記号化し，ろう者に使われることによって自然な手話に近づいていくということは注目に値する．

さて国際手話は接触によって生まれ，国際会議など特定の状況でのみ使われ，継続的に使われるわけではなく，母語とする人もいないという点で，音声言語のピジンとまったく同様であるのに，その文法は音声言語のピジンの文法より複雑で，アメリカ手話などの伝統的な手話に近いという (Supalla & Webb 1993)．国際手話には否定が5種類あり，機能により使い分けがあり，それが文のどこに来るかについても規則があるという．音声言語のピジンでは，否定の言葉はほとんど1種類で，文の始めか終わりに位置することが多い．そのほか国際手話では，語順の規則がSVOであるのに，Oが前置される倒置が見られることや，格変化が発達していることなど，音声言語のピジンには見られない複雑な規則がある．これがモーダリティーの違いによるものであるとすると，視覚言語のピジンに特有の性質があるということになる．確かに格を方向で表すなど（第1章1節参照)，現実の関係を空間の中でそのまま方向で表しているとも言え，手話が文法レベルでも図像性（iconicity）を持つということである．ということであれば，外国のろう者と話すとき別々の手話でもある程度通じるということも説明がつく．

ただし，これまでの国際手話の研究はヨーロッパと北アメリカのろう者の接触でできた手話の研究とも言えるので，もとの手話同士が類似している可能性も否めない．さらに手話者の約9割が，親は音声言語を母語とするという点とも関係がありそうである．つまり多くのサイナーの手話がピジンやクレオールの特徴を持っているかもしれない．今後，国際的な交流がさらに盛んになることによって，アジア・アフリカの手話も混じり，国際手話の性質が変わってきたならば，また違う研究結果が出てくる可能性もある．

国際手話の行く末は言語学的意義のみならず，国際社会的な視点からも注目に値する．なぜならマイノリティーであるろう者が国際的に連帯することで相当なマジョリティーになり得るからである．

国際手話のジレンマ

　国際手話は完全な手話ではないが，次第に国際的な会議などで使えるようになってきており，手話通訳をつける予算がない国の参加者にはありがたいものである．一方，そのことで本来あるべき保障がないがしろにされるのではないかという懸念もある．より正確な通訳を望むならば，当然それぞれの国の手話による通訳がつくべきであるのに，それを確保しないということにもなりかねないからである．先進国のろう者で正確な手話通訳が確保できる人には，だいたい内容がわかればよいという国際手話の通訳方法を嫌う人も多い．もしも国際手話が発展して正確に通訳することが可能になったとしたら，それはそれで懸念されることもある．つまり国際手話がそれぞれの手話を圧倒してしまって，使用者が少数である手話は消えてしまったり，あるいは手話は世界共通のジェスチャーにすぎないという，昔の誤解がまた浮上するのではないかという点である．

　手話通訳にかかる費用が十分にない催しの場合は，国際手話が重宝である．しかし，そのことは危険も孕む．現在，聴者の世界では共通語として皆が英語を使うのが最も費用が節約できるので，国際的催しでは英語を共通語とする場合が多いが，そのことが英語を外国語として習得しにくい母語を持つ人々や，英語を習得できない環境の人々に著しく不利益を与えている．それと似たような問題がろう者の世界にもあるということである．英語は母語とする人がいるが，国際手話は母語とする人はいないので，英語を共通語とするほどの不公平はないとしても，発展の経緯から国際手話が欧米の手話を母語とする人に有利であることは間違いない．

　一方，ろう者の国際的活動の広がりから，今後，国際手話に別の要素が入り，たとえばアジア的・アフリカ的に変わっていく可能性も皆無ではない．もし交流していくうちに真の意味の自然言語である共通語ができていくのであれば，それは視覚言語ならではの非常に興味深い現象と言えるかもしれない．しかし，音声言語のピジンやクレオールと同じことが手話にもあてはまるならば，国際手話もクレオール化から脱クレオール化を経て，自然手話にどんどん近づいていくはずで，新たな一自然手話ができただけということになるかもしれない．その場合は，複雑すぎて共通語とし

て役に立たなくなるかもしれない．これは共通語としてのピジン・クレオールの宿命でもある．

　少数言語者であるろう者たちにとって，国際的連帯はろう者がもはやマイノリティーではなくなる可能性がある点で非常に重要である．特に手話がまだ認知されていない国や，手話教育が保障されていない国のろう者にとって，国際的な協力は不可欠である．一方で，自分が持っている言語的・文化的アイデンティティーを守りたいのは当然のことであり，国際手話の発展によって個々の手話やろう文化が軽視されることになるのは問題である．それぞれの少数言語としての手話やろう文化が守られることが，まず優先されるべきであることは言うまでもない．

3── 盲ろう者の触手話

アメリカの触手話

　さて，ここまで紹介してきた手話のバリエーションは，ろう者の手話という視覚言語のバリエーションであるが，手話が盲ろう者というマイノリティーに使われるとき，それは視覚言語ではなく触覚言語になることに注目してみたい．触手話 (Tactile Sign) の研究は始まったばかりであるが，手話を母語とするろう者が視力も失ったとき，どのように手話が変わっていくかという興味深い研究がある．S・コリンズとK・ペトロニオは，先天性の聴覚障害で，思春期以降に次第に視力も失うアッシャー症候群 (Asher Syndrome) の人たちの触手話について研究した (Collins & Petronio 1998)．もとの手話はアメリカ手話であり，彼らの触手話はアメリカ手話の変種と考えることができる．しかし社会的・地理的なグループができて言語変化が起きたというより，使用者の身体的変化のためにモーダリティーの変換が起きた手話の変種であることで，極めて特異である．

　このアメリカ手話の触手話 (ASL Tactile Sign) は盲ろう者の間で自然に生まれ，これを通訳者に教えるというかたちで発達してきた．単語の受け手は話者の手の上に自分の手をかぶせるように乗せる．この手話の中で自然に起きる変化には以下のようなものがある．

まず，お互いの手が接触しているために，その手を動かす空間はふつうのアメリカ手話より狭くなり，自分の体に手を接触させる単語の場合，話し手は体のほうを手に近づけるために，受け手の体も近づけることになる．また，視覚言語としての手話に不可欠な顔の表情の代わりに，特別な手の力の入れ方や動きのリズムが生まれる．これは見えているろう者もある程度使っているがあまり意識していないのである．このような手の力の入れ方やリズムの使い方，そしてその感じ方が盲ろう者の場合，極端になるのである．実は盲ろう者も失明したときは，まだ手話表現としての顔の表情が現れているという．これが時間が経つと消え，次第に視覚を必要としないコミュニケーション体系を作っていくのである．アメリカ手話で，手指記号ではなく，表情やうなずきや視線などで表すことができるもの，たとえばイエス・ノーの答えを求める疑問や二人称（You）は，触手話では必ず疑問を表す単語や二人称の手指記号に置き換えられる．

　また，ふつうは話しながら相手のフィードバック，つまりあいづちや表情を見るわけだが，これも見えなくなると自然に受け手が了解したかしていないか，触れている手を動かすことで表すようになるという．まずアメリカ手話の「イエス」は，親指は出してこぶしを握った形を作り，手首をうなずくように動かすのであるが，触手話の場合，それを受け手は，話し手の手の上に自分の手をかぶせて，話し手が言うことを理解しながら表す方法がある．うなずいても相手が盲ろう者であれば見えないので，手だけでもわからせなければならない．であるから了解したときは軽く人差し指で話者の手を叩いて「わかった」ということを表したり，人差し指，中指，薬指，小指の4本の指で叩いて「なるほど」とか「私もそう思う」ということを表したりするのである（図3-13）．またよくわからないときには，話者の手を固く1回握って「え？　何？」「もう一度言って」という意味を表す．

　口型の代わりには，動きの速度や力の入れ方が使われる．たとえば，手話で「細長いもの」を表す類辞（第1章1節参照）と共起する"oo"という口型を表す代わりに，手指記号をゆっくり表し，強く力を入れる．また「必死で〜する」というような副詞的要素になる"ee"口型の代わりには手指記号が速くなり，強く力を入れる．ただ「〜する」というだけの意味の

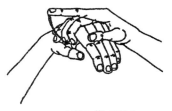 

人差し指で叩く　　　　　　　　　　4本の指で叩く

図 3-13　アメリカの触手話

"mm" 口型は，ゆっくり力を緩めることで表すようになる．このような自然発生的な，巧みな触手話は，1937年，アメリカ盲ろう協会（American Association of the Deaf-Blind）というのが作られ，盲ろう者のコミュニティーができたために生まれた新たな手話の変種である．

スウェーデンの触手話

一方，スウェーデンのアッシャー症候群の人たちの中からもスウェーデン手話から変化した触手話が生まれた．J・メッシュによると，スウェーデンの触手話の中にも，上記のような聞き手が話者の両手の上に自分の両手を乗せ，話者が交代するときはこの位置を交換するやり方があるが，もう一つお互いに利き手だけを相手の手の下にもぐらせる方法があるという (Mesch 2001)（図 3-14）．

これをダイアローグ・ポジションというが，この形を使うと話者が頻繁に交代する掛け合いの場合に手の位置を交代する必要がない．この場合，上記のアメリカの触手話と同じようなフィードバックは，話者の利き手の上に置いた受け手の利き手でない方の手で表すが，それだけでなく相手の手の下に位置する自分の利き手の親指で相手の手を軽く叩くフィードバックの方法も生まれている．

このように盲ろう者の触手話には，随所に使用者のニーズに合わせた言語変化が現れている．このことからも言語はある感覚が使えなければ，別の感覚を使って成立していくということがわかる．つまり音声言語が聞こえなければ，視覚重視の記号で言語能力は実現することができるのであり，さらに視覚も使えなければ触覚重視の記号による言語が生まれるので

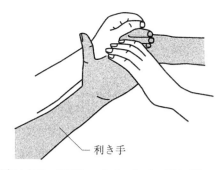

左の話者は右手で表現し，左手で相手の話を理解している．
図 3-14　スウェーデンの触手話

ある．言語と聴覚が必然的に結びついているわけではないことの証拠の一つである．相手がどう解釈するかということをお互いに理解しながら，モーダリティーをシフトしていく．そこに，言語は自己と他者が認識を共有するための手段であり，人間のコミュニケーション能力とは相手がどのように受け取っているかを瞬時に理解できる能力であることが現れている．

　この章では，手話が音声言語と同じように自然に変化していくこと，そのことによってさまざまなバリエーションが生まれることを見てきた．手話を変化させる要因に，言語の性質による必然的なものと，人為的な外からの力があることは音声言語と同じである．前者には見て認知しやすい方向に変化するという視覚言語特有の方向性があり，後者についてはマジョリティーの言語である音声言語につねに囲まれているという状況がある．また，手話は親から子へと必ずしも継承されるわけではないという生理的な特徴が，言語変化に制約を与えている．生理的という点では，盲ろう者というサブグループがさらにモーダリティーの変換という言語変化の可能性を見せてくれている．手話のバリエーション研究は，言語が使用されている社会の構造と，言語変化のモーダリティーによる特質と，さらにモーダリティーを超えた言語の本質を示してくれるのである．

[参考文献]

Baker-Shenk, C. & D. Cokely, 1980, *American Sign Language*, Clerc Books.
Christensen, K. (ed.), 2000, *Deaf Plus—A Multicultural Perspective*, Dawn Sign Press.
Collins, S. & K. Petronio, 1998, "What Happen in Tactile ASL", in C. Lucas (ed.), *Pinky Extension & Eye Gaze*, Gallaudet University Press, pp. 18-37.
Davis, J. & S. Supalla, 1995, "A Sociolinguistic Description of Sign Language Use in a Navajo Family", in C. Lucas (ed.), *Sociolinguistics in Deaf Communities*, Gallaudet University Press, pp. 77-106.
de Garcia, B. G., 1995, "Communication and Language Use in Spanish-Speaking Families with Deaf Children", in Ceil Lucas (ed.), *Sociolinguistics in Deaf Communities*, Gallaudet University Press, pp. 77-106.
Hoopes, R., 2004, "A Preliminary Examination of Pinky Extension: Suggestions regarding its Occurrence, Constraints, and Function", in C. Lucas (ed.), *Pinky Extension & Eye Gaze*, Gallaudet University Press, pp. 3-17.
Kleinfeld, M. S. & N. Warner, 1996, "Gay, Lesbian, and Bisexual Signs", in C. Lucas (ed.), *Multicultural Aspects of Sociolinguistics in Deaf Communities*, Gallaudet University Press, pp. 3-35.
Lucas, C., (ed.), 1995, *Sociolinguistics in Deaf Communities*, Gallaudet University Press.
―――――, (ed.), 1996, *Multicultural Aspects of Sociolinguistics in Deaf Communities*, Gallaudet University Press.
Lucas, C., R. Bayley & C. Valli, 2001, *Sociolinguistic Variation in American Sign Language*, Gallaudet University Press.
―――――, 2003, *What's Your Sign for Pizza?*, Gallaudet University Press.
Mesch, J., 2001, *Tactile Sign Language*, Signum.
Pettitto, L. A., & P. F. Marentette, 1991, "Babbling in the Manual Mode: Evidence for the Ontogeny of Language", *Science*, 251, pp. 1493-1496.
Supalla, T., & R. Webb., 1993, "The Grammar of International Sign: A New Look at Pidgin Languages", in Karen Emmorey & Judy Snitzer Reilly (eds.), *Language, Gesture, and Space*, Lawrence Erlbaum Associates, pp. 333-351.
Sutton-Spence, R. & B. Woll, 1998, *The Linguistics of British Sign Language*, Cambridge University Press.
Woodward, J. C. Jr., 1987, "Sign Language Dialects", in John van Cleve (ed.), *Gallaudet Encyclopedia of Deaf People and Deafness 3*, Mcgraw-Hill Book Company, Inc., pp. 157-164.
大阪聴力障害者協会，大阪手話通訳問題研究会，大阪手話サークル連絡会，2001『これが大阪の手話でっせ』大阪聴力障害者協会，大阪手話通訳問題研究会，大阪手話サークル連絡会.
乘富和子他，2006，「高齢ろう者と若年ろう者の手話表現の違い――予備的検討」『日本手話学会第 26 回大会予稿集』32-33 頁.

ヘドバーグ，トーマス，2002,「スェーデンの古い手話と各地域の手話の記録について」『手話コミュニケーション研究』45, 34-39 頁.
ムーディー，ビル，2004,『国際手話——ある使用者の考察』全日本ろうあ連盟.
————，2004,「国際手話の歴史」『手話コミュニケーション研究』52, 2-10 頁.

第4章

手話と芸術

前章で，手話が言語である以上，バリエーションが生まれるということを論じてきた．言語は繰り返し使われる間に変わっていくものであり，伝達機能を失わないまま，少しずつ変わっていくことができるという性質を持つ．人々はその性質を利用して，言語を「遊び」や「芸術」にしてきた．言語は元来無限に近い内容を言い表せる構造を持っている．その意味で創造性を持つのであるが，さらに数字とは違って，その記号の持つ意味や記号を操作する規則にゆれがあり，そのことでさらなる可能性を秘めている．これが別の意味の創造性となる．つまり，言語は芸術の手段としても無限の可能性を持つのである．

　手話というものも，芸術の中で，何かの内容を伝達する機能を果たす，つまり手段として使われることは当然であるが，手話という言語そのものが芸術になることもある．手話という言語がそれ自体芸術となるとき，それは視覚芸術である．音声言語の場合も，その言語が何かの意味を伝えるだけでなく，ことばの響きが何かを感じさせ，音の芸術となることがある．したがってことばの響きを利用した技法も現れる．たとえば語呂合わせや詩の韻律などである．日本の和歌や俳句などは音声の芸術である．そして音声言語は歌という芸術にも直接結びつく．音声言語の文字は視覚記号であり，どの形の文字を使うかやどう並べるかで視覚に訴える芸術もあるし，書道のように文字という視覚記号そのものが芸術になることもある．しかしほとんどの場合，文字と音声というものを完全に切り離すことはできない．一方，手話は音声言語とは関係のない視覚言語であり，その芸術は純粋に視覚によるものである．音声言語を手指記号にした指文字が手話の中に入り込んでいることは多いが，音のない世界に生きる人にとっては指文字も必ずしも音とは結びついていない．そして手話の中に溶け込んだときは視覚芸術の媒体となっている．

　音声言語が，歌などの聴覚芸術につながるように，手話は視覚芸術，たとえば絵画・写真・舞踊などにつながっていく．たとえば絵画や写真に手型が表れていたら，その人が何の話をしているかはある程度わかる．音声言語であれば，話している内容を絵という視覚の世界の中に表すことはできない．音声言語はマンガの吹き出しのようにいったん文字という視覚記号に変えなければ絵の中に入れることはできない．つまり，音そのものを

視覚芸術にすることは不可能である．視覚芸術は時間の中で止めることができるが，聴覚芸術は止めることができない．手話の発話は時間の中でどんどん消えていくものではあるが，静止させることはできる．しかし，音声は発することを止めると音はない状態になる．つまり，音というものは静止させることはできない．写真や絵画には手話単語をある程度表すことができる．一方，手話詩や手話物語，ろう演劇，手話を取り入れた舞踊などは手話を静止せずに表した視覚芸術である．インドの踊りには，手型や手の動きが手話のように豊富な意味を持つものがあり，この場合，踊りはつねに言語的表現をしているのである．

視覚芸術である手話詩や手話演劇や舞踊と，聴覚芸術である音声言語の詩や演劇や歌とには共通の要素もある．それはリズムとテンポ，すなわちその記号をどのように時間の流れに乗せるかということである．視覚記号によって，あるいは聴覚記号によって時間を区切られることで，人間は何かを感じるからである．ここが視覚芸術と聴覚芸術の接点となる．このように芸術の記号は「見る」「聞く」あるいは「時間を感じる」といった，人間の認知と切り離して論ずることができない．

さらに芸術と切り離せないのは，それを生み出す人の歴史的・文化的背景である．手話の芸術とろう者の歴史の関係は無視できない．手話の芸術の背景には，ろう者がマイノリティーであること，そのための不便さ，そのために受けてきた差別や偏見，そして視覚の世界に生きることや視覚言語を持つことを理解してもらえなかった，あるいは許されなかった苦難の歴史があり，それを共有してきた仲間の連帯感がある．やがてろう者が自らの文化や言語に誇りを持ち，そのことをアピールするようになってから手話の芸術は大きく飛躍を遂げた．

大多数のろう者は，音声言語を持つマジョリティー文化の芸術にさらされて育つ．そのようなろう者のアイデンティティー形成が，新たな芸術を生み出してきた．それはときにモーダリティーの変換というユニークな芸術の展開を実現させた．すなわち音声言語話者が生み出した歌などの聴覚芸術を「視覚や触覚で感じる音」の芸術に換えることである．

この章では，手話という言語が生み出す芸術の特徴を明らかにし，ろう者自身や，ときには聴者の手話という言語への意識がその芸術をどう築い

てきたかを考えてみよう．

1——言語芸術としての手話

芸術の中の母語としての手話

著者は拙著『視覚言語の世界』（斉藤 2003）で，中世ヨーロッパの修道院の手話など，聞こえる人たちが生み出した手話を紹介した．左近司祥子はその『視覚言語の世界』の書評を次のことばで締めくくっていた．「伝達手段にならなければ言語ではない．けれど，美しく，機知に富んだ使い方を工夫する余地がなければ，本物の言語とは言えない．和歌や俳句を体得している日本の研究者には，手話のこの面の解明をお願いしたいのだ．それで初めて手話は一流の言語だと言い切れるだろう」（『毎日新聞』2003 年 1 月 26 日付朝刊）．「本物の言語」というのは伝達手段となるだけでなく，遊びや芸術の手段になれなければならないと言うのである．「機知に富んだ使い方を工夫する余地」とは，先ほど述べたように言語を変化させてゆれを楽しむことで生まれるし，あるいは言語という記号が示すものが一義的に決まらなかったり，その記号を操作する規則に例外があったりすることから生まれる．

本書第 2 章 3 節で，現実の世界をそのまま写した単純でわかりやすい身振りの規則が与えられても，それを見て育つ子どもがあえて複雑な規則を作り出し，やがて規則から逸脱した例外も生み出すことや，ピジンの文法が単純で矛盾がなく覚えやすくても，子どもはそれを複雑にしていき，自然言語化していくことを論じた．複雑で，外国人にとってはきわめて覚えにくい母語というものでないと，私たちには表現できないことがたくさんあり，それがないと自由自在に芸術を生み出すことも難しい．この複雑な自然言語であってこそ，子どもに母語として好まれるのであり，それこそが真の言語かもしれないとも述べた．言語のない状態からひとりぼっちで身振りを言語化していく聞こえない子どものコミュニケーションや最も簡単なピジンに，言語の本質とも言える普遍文法，すなわちどの言語にも潜んでいる共通の言語構造が現れているとしても，それだけでは真の言語に

はならない．そういうことを左近司も言っているのではないだろうか．長い歴史を持ち，人々の文化に根付き，文法に例外や矛盾が多く含まれる複雑な言語こそが左近司のいう「本物の言語」なのであろう．自然発生し，消滅の危機を乗り越え，伝統的に受け継がれてきた手話という言語は，ろう文化を，そして豊かな手話芸術を築いてきた本物の言語である．

手話には独特な構造を利用した，伝統的に語り伝えられてきたジョークやことば遊びがあり，最近では手話詩も確立しつつある．また俳句や狂言のように音声言語が生んだ芸術の形式を手話に応用することによって，新たな芸術のジャンルも生まれた．手話がこのように豊かな芸術を持っているのは，手話が「本物の言語」であるからである．手話が蔑視され，あるいは禁止されたため，ろう者自らが手話に誇りを持つことができなかった時代でも，ろう者は手話を愛し，手話を美しいと感じていたのである．人間にとって自分の言語は自分のアイデンティティーを形成するものであり，音声言語話者というマジョリティーによる社会からの評価がどうあれ，ろう者にとって手話こそがアイデンティティーなのである．

音声言語にも，その芸術性を自覚していないうちにできた芸術がある．自然に生まれ，語り継がれてきた伝承文学などは，必ずしもその言語を自分たちのアイデンティティーとして自覚したり，その言語の芸術性を意識して作ったわけではない．手話の芸術もそのようなところから始まった．やがてそれを芸術として自覚し，誇りに感じ，さらにその芸術性を高めようとするようになったとき，手話の芸術は新たな飛躍を遂げた．

手話のフォーク・アート（民衆芸術）

手話を自己のアイデンティティーと考えたり，手話を分析的に考えたり，手話の芸術性を論じるようになる前にも，ろう者は手話の遊びや芸術を持っていた．ろう文化の中には，手話を使った物語の語り伝えやジョークがある．しかし，記録はあまり残っていない．それは手話自体がたいていは文字を持たなかったからだけではない．記録するという発想がなかったからである．音声言語の文化でも，生活に密着した芸術はあまりにも自然で芸術という自覚はなく，記録しようとか研究しようという発想はなかなか生まれない．まして手話はマジョリティーから蔑視されてきたので，

その芸術は日陰の文化であったし，禁止などされれば人目を忍んで伝えられるものだったのである．

P・ラッドは聴者の中にもアメリカ・インディアンのように手話で物語を伝える文化を持っていた人たちがいることを挙げて，手話は物語に適した言語であるという (Ladd 2003)．アメリカ・インディアンだけでなく，オーストラリアのアボリジニも手話を持っていた．前者は種族間の共通語として手話を使ったことが特徴的で，後者については喪に服する場合やイニシエーションの期間に音声言語を禁じるスピーチ・タブーの文化が手話を発達させたと考えられる．両者に共通なのは，物語やダンスなどの民衆芸術や儀式に手話が使われた記録があるということである．アメリカ・インディアンのフォーク・アートの中には，恋愛のダンスの中で男女が手話で掛け合いをするものや，物語の筋書きを音声言語で話すと同時に周りの状況を手話で表す語りがあったし，オーストラリアのアボリジニも，手話による物語の伝統を持つ(斉藤 2003)．さらにインドの舞踊の中には，手指表現や目や首などの動きを始めとした表情が，舞踊という芸術の中で物語を伝えるテクニックとして確立したものもあり，これは言語に近く，すなわち手話に近いものである．

デフ・ジョーク

手話による物語の伝承やジョークは，多くの国で寄宿制のろう学校やろうクラブなどのろうコミュニティーで語り継がれてきた．かなり長期にわたって教育機関で手話を禁止した国が多いため，記録や研究どころではなく，ろう文化の継承に最も貢献すべきろう学校でも，禁止の眼を盗んで細々と語り継がれ，あるいは途絶えたものもあった．比較的禁止が行渡らなかったアメリカでは，20世紀後半，ビデオの出現とともに記録され，そのため形式的な発展があったとも言われる．

アメリカ手話の伝統的なジョークに遮断機の話がある．ろう者の男性が踏み切りを車で渡ろうとしたら，いつまでたっても遮断機が開かないので，遮断機の管理ボックスをのぞいてみたら中の男は電話していて気づかない．そこでろう者は紙に "Please, but"（どうぞ，しかし）と書いてしまったので通じなかった，という話である．これにアメリカのろう者は爆笑す

 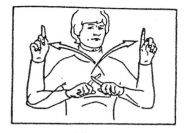

(a) OPEN THE CROSSING GATES　　　　　(b) BUT

図 4-1　「遮断機を開けて下さい」と「しかし」

るという．この例をあげて S・D・ラザフォードは，ユーモアが文化的アイデンティティーによるものであることを語る (Rutherford 1983)．ラザフォードは，後述の戯曲『小さき神のつくりし子ら (*Children of a Lesser God*)』の主人公であるろうの女性が，相手役の聴者の男性が自分がどんなに面白い人間かということを自慢したときに吐く「聴者に面白くてもろう者には面白くない」("You're funny in hearing, not in Deaf.") という台詞を引用している．ユーモアのセンスがろう者と聴者とで違うのである．ろう者にとってこの遮断機のジョークは，アメリカ手話の単語自体のしゃれと，ろう者と聴者のコミュニケーションの食い違いの両方が面白いのである．つまり，"Please, but"（どうか，しかし）は "Please open the railroad crossing gates"（どうか遮断機を開けてください）の間違いだとネイティブ・サイナーにはすぐわかるのである．この二つの単語が図 4-1 のようによく似ているからである．

　さらに，ろう者に対して配慮のない聴者がろう者に気づかず，音の文化の象徴である電話でしゃべっている状況，そしてろう者が英語が下手であるがゆえに見下されている社会，その中でのコミュニケーションの食い違い，それらが瞬間の落ちで笑いとなって爆発するという．アメリカ手話がわかるかどうかだけではないのである．同じ社会的な背景を持つ者の共通の感覚，それが文化なのである．筆者の知人のオーストラリア人が落語を見に行った体験を話したことがある．長年日本にいて，落語を見るとだいたい何を言っているのか聞き取れるし，話の筋もわかっているつもりであるのに，落ち (punch line) だけ必ずわからない，周りの人は皆笑っている

図4-2　ビデオ『ろうのくに』

のに，何がおかしいのかわからないのだという．落語は日本人の民衆芸術であり，日本人が共有する文化に基づくユーモアが一瞬の落ちの中に凝縮されているのである．

　最近，日本でもさまざまなろうのジョークが作られている．ビデオ『ろうのくに』(2003)には，ろう俳優たちの表現力豊かな笑い話が収められている．たとえば，「ろう」になる飲み物を自動販売機で買ったら音が聞こえなくなったが，次にまた買ったらおじいさんになってしまった，「聾」ではなくて「老」だったんだ，という話はアメリカの遮断機のジョークに似ている．手話だけではなく日本語の単語が出てきており，バイリンガル環境の中から生まれたジョークと言える．またろう者が引っ越してきたら部屋に大嫌いなゴキブリが出て，音を立てて脅しても図々しくて逃げていかない，なんとそのゴキブリはろうだった，それで仲良く暮らすことにしたなどと表情豊かに語られている(図4-2)．

　手話では顔の表情が言語記号になっていることは第1章で述べたが，物語を演じるときには，感情表現の表情と言語記号の表情の両方がうまく使われている．これが音声言語の語りと違うところである．手話がわからないと物語のストーリーはわからないが，少しでも手話がわかる人には日常会話の手話のスタイルよりもかなり理解しやすい．これは「類辞」(第1章1節参照)を駆使することや，手話ではないジェスチャーを混ぜることで，より実写的な表出ができるからである．語彙化された単語は「フローズン・サイン」と呼ばれ，特定の事物や状態，動きを表すのであるが，類辞

は人であるとか，乗り物であるとか，筒型の長いものというような大きなカテゴリーを表すもので，単語の表し方の規則がゆるやかで，いきいきと実際のものに近いかたちで単語をつくることができる．

音声言語の擬態語や擬音語が，その言語の音韻規則に従うかぎり，聞こえた通りに自由に言語化できるのと同じである．たとえば，日本語の「ぴちゃぴちゃ」「にゃあにゃあ」は「ぴっちぴっち」や「みゃあん」ということも可能であるが，「ぴちゃぴちゃ」「にゃあにゃあ」のほうが手話のフローズン・サインのように語彙と感じられることが多い．これらはいずれも日本語の音韻規則に即しており，英語の音韻規則からは逸脱している．英語の場合は「splash」「mew」となる．

デフ・ストーリー

遮断機のジョークのように，手話の単語自体を使ったものに「言葉遊び」（creative sign play）があり，アメリカのろう学校で引き継がれてきた．イギリスでは徹底した口話主義教育により，かなり廃れたと言われる．そのためイギリスでは，一時英語によるしゃれのようなものにとってかわられたが，ろう文化の復興とともに1980年代に復活したという．

アメリカ手話文学の研究者であるベン・バーハンは，視線の持つ意味と顔の動きとの関わりについての研究で博士号をとり，その後，手話表現の分析や文法，間の取り方などを研究している．彼によると，アメリカ手話の優れたストーリー・テラーはほとんど両親がろう者であるという（バーハン 1996）．手話で話すだけでなく，手話を使って遊ぶことを知っている大人の会話を見ていて，子どもは素敵な手話表現や手話遊びに魅力を感じて，自分でも面白い話を覚えて仲間の間で披露し合いながら相手の反応を見て，手を加えて伝えていく．こうして物語を語り継ぐことで，前の時代に生きたろう者とつながっているのだという．つまり文化の継承である．さらに彼はストーリー・テラーは歴史学者であり，教育学者でもあるという．ろう者として聴者の世界でどのように生きてきたかを語り継ぎ，ろう者は無能な人間ではないことを教え，ろう者が自分なりの方法で生き抜いていく力を与えるのだという．

アメリカ手話には，数字物語やABCストーリーというものの伝統があ

図 4-3　ABC ストーリー「ホラーハウス」

り，これは日本でいう大喜利のあいうえお作文のようなものである．これがアメリカで生まれたものかどうか，起源ははっきりしないという．図 4-3 はベン・バーハンによる ABC ストーリーである（ビデオ『ろうものがたり』2002）．怪物が出たが，葉巻をやって，怪物がそれを吸っている間に逃げたという話を，A 手型を使う単語，B 手型を使う単語……という順で表している．

　また手話そのものを題材にしたストーリーもある．たとえば，キングコングが人間の美しい女性を手のひらに乗せて「結婚してください」（図 4-4）と手話で言ったために，その女性をつぶして殺してしまったというブラックジョークがある．

　日本のろう学校では，怪談が語り継がれてきたと言われるが，それはろう学校でなくても学校にはよくある話で，ろう者の文化や手話をテーマとしたものではない．しかし，アメリカの例にならって，日本でもろう者の生活や手話を題材にした物語が作られるようになってきた．

　たとえばビデオ『ろうものがたり』(2002) には，ろうの俳優による面白い物語が収められている．砂田アトム作の「ある出会い」は，ろう者の美

図 4-4　アメリカ手話の「結婚」

人を追いかけまわす聴者の男の話である．その美人は話が通じないので「私はろう者です」と何度も手話で言い，やっと理解してもらい，握手だけしてやるのである．その後，その男は握手してもらった手についた口紅を彼女からの OK の合図と勘違いするが，それは何度も何度も「私はろう者です」という手話をやったために手に口紅がついていたのだった，という話である．

　また，米内山明宏の「恐山」はイタコの話である(同じく『ろうものがたり』)．彼が亡くなった母親と話したくて，青森のイタコに会いに行くのである．ところがイタコが母になりきって日本語でしゃべるので，母も自分もろう者なので手話でないとわからない，と言ったら，イタコは手話サークルで猛勉強をする．イタコがやっと手話ができるようになったと連絡してきたので，また彼は出かけていく．しかし，あの世から呼び出してくれた母は日本語対応手話で話すので，やはり何を言っているかわからない．そういうと今度はイタコが日本手話を習い始める．1 年後行ってみると，イタコが呼び出した母親は青森の手話で話すのでまたわからない．とうとうイタコは彼と一緒に上京し，手話サークルに通うのだが，日本手話が習得できなくて国立リハビリテーションセンター(ろう者の講師が日本手話を教えている)に通い，日本手話を習得する．その後イタコは，日本手話，日本語対応手話，青森の手話，東京の手話と並べた料金表を作る．一番高いのは日本手話だ，という話である．少数言語である手話の複雑な言語状況がユーモラスに表されている．

　アメリカでは，手話が言語として分析可能なものと認識されるようになってからは，単語を意識的に分析して，その中に芸術性を見出すように

なる．それが後述の戯曲『第三の眼』やドロシー・マイルズらによる手話詩を生むのであるが，ABCストーリーはこのような手話の分析可能な構造をろう者が昔から直感的にわかっていて，楽しんできた伝統を反映している．ベン・バーハンは，このような芸術にはルールがあり，それに従い，その制約の中でいかに美しく表現できるかを追求することに意味があるという．それらは必ずしも一生懸命に考えるのではなく，ひらめくのである．これがその言語を母語とする人の言語能力である．英語の詩に押韻という規則があったり，日本の俳句に五七五という規則があったりするのもそうである．最近では，日本でもろう児のためのフリー・スクールなどで，手話のあいうえお物語を作らせたりしている．

手話の文学

手話の文学を記録するために，音声言語から生まれた書記言語で書くと，それは翻訳になってしまう．そうすると手話の芸術性は伝わらない．手話の文学は，映画やビデオのような映像の記録手段のない時代には，語り伝えるしかなかった．アメリカでは，古くは1910年頃に撮影された手話によるスピーチが残っており，アメリカろう連盟により保存されている．それは手話の歴史的変化を研究する際の資料にもなっているようであるが，当時撮影機を持っているのはごく一部の裕福な人々だったので量的には非常に少ないし，必ずしも文学という認識で記録されたわけではなかった．

映像を記録できるようになってからとその前では，ろうの文学は違う．それは音声言語をもつ人間がそれを文字化して，印刷できるようになったのと同じぐらい飛躍的なことである．記録されたものは確実に継承されるし，その言語の中の標準型とされる可能性が高い．つまり，その言語の標準化につながるのである．

もう一つの大きな転機は，口話主義教育による手話の禁止と，そこからの解放という政治的・社会的なものである．抑圧からの解放によって，ろう者が自らの芸術や言語をろう文化として捉え，誇りを持つようになるのである．その進展が最も早く見られたのは，やはりアメリカである．

アメリカでは，手話の文学にも長い歴史がある．それは文字という形で

残す文学ではなく，演じることで伝えられていく．ろうの文学の中心は戯曲である．ろう学校の寮やろうコミュニティーには19世紀から文芸部があり，手話の演説や詩，物語，寸劇，パントマイム，ディベートなどで手話の表現力を磨くことが奨励された．

1920年代には，ろう者の会議やろうクラブで，エンタテインメントとして手話の上手い人を呼んで講演や物語を語らせるというのが習慣であった．同時に映画にもろう者が進出する．しかし，1930年代には映画が無声から音声のあるトーキーの時代を迎えた．そのとき，無声映画のスターであったエマーソン・ロメロはろう者の劇団 The New York Theatre Guild of the Deaf を立ち上げ，台詞を最低限に抑えた演技を作り，自ら演じるようになった．このグループの一人ウルフ・ブラッグはニューヨーク・ユダヤろう者協会の後援で，手話を使った寸劇や物語を各地で演じた．1937年には，アメリカろう連盟の大会が開かれたシカゴで，地元のろう者が寸劇を演じたのをきっかけに，シカゴ・サイレント・ドラマティック・クラブが設立された．そして1940年には，ギャローデット大学でフレデリック・ヒューズが演劇の授業を始めた．こうして手話演劇が確立されていった．

テレビが出現しても，ろう劇団はさらに活発に活動した．テレビは視覚メディアのようで，実はろう者に適するメディアではなかった．最近，欧米ではニュース番組など字幕が出るものが多くなっているが，当初はほとんどなかった．日本ではいまでも字幕の出る番組は少ないので，ろう者にとってはテレビよりも字幕つきの海外の映画のほうがはるかに楽しめるという．さらに手話による劇が見られれば，ろう者の中ではテレビを見ることよりはるかに人気を集めるのは当然である．

演劇が確立した時代のアメリカのろう者は，決して自由に文学を謳歌していたわけではない．教育界で手話は禁止されたり，英語を第一言語とする人が作った手指英語のみが正しい手話とされた時代である（第5章1–2節参照）．このことはろう文学のテーマとして語られることが多く，手話の文学の特徴の一つになっている．C・パッデンとT・ハンフリーは，そのことを手話抑圧とろう者のアイデンティティーがテーマになっている二つの戯曲をあげて紹介している（Padden & Humphries 1990；パッデン，ハンフリー

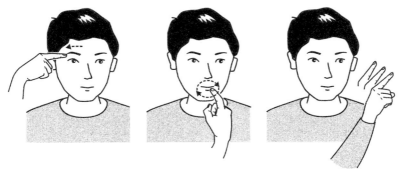

図 4-5　BLACK（左），WHO（中），SCOLD（右）

2003).『私に手話でアリスと言って（*Sign Me Alice*）』(1974) は，ジョージ・バーナード・ショウの『ピグマリオン』(後に映画『マイ・フェア・レディ』になった作品)をモデルとした戯曲である.『ピグマリオン』で，主人公のイライザが上流階級の英語を教え込まれたように，主人公は聴者たちが正しいと決めた手指英語を教えられるが，アメリカ手話を捨てたことを後悔し，教師のもとを去るという話である.

また『第三の眼（*My Third Eye*）』(1973) には，英語をうまく発音できない生徒が水ぜめの体罰を受けるシーンがある．この劇は手話で演じるだけでなく，手話自体を芸術にしたものである．この中に出てくるマニフェストというゲームでは，俳優たちが次々に同じ手型のさまざまな単語を見せる(同前)．たとえば「黒」「誰」「叱る」(図 4-5) という単語を示して，手話を分析して見せるのである．ストーリーではなく手話自体を見せる芸術である．その頃まで，ろう者の演劇は音声言語の演劇を手話に翻訳したものだったが，ここからろう者独自の手話による演劇が演じられるようになる．1970 年代はアメリカろう文化復活の時代なのである．

イギリスでも，19 世紀の終わりにろうクラブで劇を演じることがあった．イギリスろうあ連盟は 3 年に 1 度ドラマ・コンテストを開催していた．しかし，演劇の内容や手話のスタイルは聴者からの影響が大きかった．ろう者の演劇活動は芸術的な意味合いより社交的な意味合いが強かったという．1960 年代にアメリカろう者劇団 NTD（National Theatre of the Deaf）が結成され，1980 年代まで続いたが，監督は聴者であり，ろう者に

とっては，収益を考えて聞こえる観客に合わせていて自分たちには理解不能な手話だと思われた．結局，イギリスろう連盟（前イギリスろうあ連盟）の演劇コンテストの廃止や若者のろうクラブ離れにより，ろう演劇は衰退した．一方，聴者が手話を少し覚えて，ろう者を一人混ぜて手話劇と称して上演するようになったが，これは助成金を得るためであったと言われている．

また，共産主義国では政府支援の公演が伝統となったが，やはり口話主義の影響は強く，手話よりもパントマイムが重視された（モスクワ・パントマイム劇場など）．しかし，1970年代にアメリカで，1980年代にはイギリスで，その他のヨーロッパの国でも1990年代にろう文化の復活が起こり，ろう者によって書かれ，演出された，ろうをテーマにした演劇が現れるのである．そしてアメリカ手話文学の研究も，ろう文化研究の一分野として，あるいは文学の研究の一分野として確立されるようになったのである．

日本の手話演劇

日本でも，ろう者は演劇という芸術を持っていた．1928年，大阪市立ろう学校校長の高橋潔らが日本初のろう者劇団「車座」を結成し，1933年にド・レペ祭（ド・レペはろう学校の創始者）で藤井東洋男が書いた『ド・レペとシカール』の戯曲を上演した．そこでは手話の台詞を高橋が読み取って，手話のわからない観客に日本語で通訳したという．その頃，東京でもろう者劇団「東座」が結成されたが，両者とも戦時中に閉鎖となった．その後，長い手話禁止の時代を経て，1988年に「大阪ろう劇団新車座」が復活した．

いまでは，日本ろう者劇団を始め，各地でろう者の劇団が活躍している．日本ろう者劇団は，アメリカのろう者劇団，NTDの演劇に魅せられた黒柳徹子と，劇団を旗揚げしたいと思っていた米内山明宏たちの出会いによって1980年に生まれた劇団で，設立のために，黒柳徹子は『窓際のトットちゃん』の印税で「社会福祉法人トット基金」を作った．米内山明宏はろう演劇の俳優であり，演出家であり，いまでは映画『アイ・ラブ・ユー』(1999)の監督の一人として聴者の中でも有名である．日本ろう者劇

団は，1983年にイタリアのパルレモで開催された第9回世界ろう者会議の演劇祭典で手話狂言「六地蔵」を上演し，その後ハワイ，ワシントン，スペイン，ロシア，ドイツ，ハンガリー，ギリシャで公演を重ね，1987年には文化庁芸術祭賞を受賞，2002年には内閣総理大臣表彰を受けた．そのほかにも海外の手話演劇の翻訳やオリジナルなど数々の劇を上演してきた．

2005年には日本ろう者劇団の25周年記念公演として「ハンナ」が上演された．「ハンナ」は，フランスのインターナショナル・ビジュアル・シアター (IVT) で活躍するトルコ人ろう俳優で演出家，劇作家，脚本家，画家，詩人でもあるレヴェント・ベシュカルデシュの作品で，ナチの先天性疾病患者の断種から逃れる少女の物語である．この日本版製作のためにベシュカルデシュは日本に招かれた．この劇のパンフレットには「プロダクションノート」として，製作過程のコミュニケーションについて書かれている．それによると，アメリカのろう者の文化的祭典「デフ・ウェイⅡ」に参加した日本ろう者劇団のメンバーはフランス手話がわからないのにもかかわらず，IVTの「ハンナ」を観て感涙し，上演の許可をもらった．当初トルコ人と日本人のフランス語によるメールでのやりとりで交渉が進んだが，その後ベシュカルデッシュと米内山のやりとりがインターネットのテレビ電話，ウェブカメラで国際手話により行われるようになった．通じないときは身振りによる「自然語」を使ったという．やがてデッサン付きのフランス語の文字台本が送られ，ウェブカメラによるやりとりも週1〜2度行われるようになった．その言語は国際手話とアメリカ手話と「自然語」であったとある．その後，ベシュカルデシュの友人でパリ在住の日本人のろう女性が，ウェブカメラの会話でフランス手話の通訳をしてくれるようになった．国際手話については第3章で述べたが，このようにお互いの手話が通じないときに使われるのであるが，十分なコミュニケーションのためには結局，通訳を介して，母語である手話同士で会話をしているのが興味深い．

1991年，全国のろう劇団による，全日本ろう者演劇会議が創立されたが，当時，日本手話の演劇用語は統一されておらず，このろう者劇団の連帯がきっかけとなり，演劇活動に必要な手話を各地の劇団間で統一する動

きとなった．2001年には，全日本ろう者演劇会議の10周年記念公演として『12人の怒れる男たち』が，ろう者の脚本・演出で『怒れる9人のろう者』とアレンジされて制作され，日本ろう者劇団を始め20年以上の歴史を持つ複数の劇団の混合スタッフにより上演された．

このように日本でも，手話演劇や手話自体が芸術であるという意識が生まれており，文学・演劇の中で新しい手話が創造されていることも想像に難くない．

手 話 狂 言

手話狂言は，黒柳徹子の提案で日本ろう者劇団が始めたものである．狂言師の三宅右近の指導により，今日までに40もの演目を上演してきた．アメリカろう者劇団，NTDで活動していた井崎哲也は，アメリカのろう者劇団の仲間に歌舞伎や能や狂言について聞かれた際，狂言のことをよく知らなかったことに気づき，帰国後に日本ろう者劇団の手話狂言に参加する．彼は，自由に作り出すものを褒めて引き出すアメリカの演劇指導とはまるで違う三宅右近の厳しい指導に仰天したという．まず技術があり，型を重視し，忠実に模倣をするのが狂言の稽古であり，怒鳴られながらのその指導に怖気づいたという（井崎，平塚 2004）．

井崎らは，構え，間の取り方，足の運びを習得したうえで，台詞は手話で演じなければならなかった．三宅右近の腹やのどに手を当てて，声の抑揚を教えてもらい，古文の台詞を日本語で理解しながら手話に翻訳し，その手話を他の人に見てもらって意味がわかるかを確認した．さらに三宅右近の声の長さを計り，手話の長さを調節し，手話があまる場合は観る人が分かる範囲で手話の台詞を一部削除したという．また表情も狂言のリズムに合わせてゆっくりしたテンポで表すなど，日常の手話表現とはまったく別物であるし，講演などのときの演説口調の手話ともまったく違うのだという．また年配のろう者の手話も取り入れて，伝統を表すようにしたそうである．彼らは消え行く古い手話を残し，守っていく役割も意識しているとのことである．実際の公演では，三宅右近自身が手話の台詞に音声をあてているが，非常に自然で違和感がなく，元来の狂言の手の動きもこのようなものだったのではないかと錯覚さえする．

同じくアメリカで演劇活動をし，井崎哲也とともに狂言を演じてきた米内山明宏は多木浩二との対談で 650 年の伝統を持つ狂言を，ろう者として実際に演じられるかどうかという戸惑いを語っている（米内山，多木 1996）．日本のろう者については，1878 年（明治 11 年）にろう教育が始まった頃からしか記録が残されていないので，狂言が始まった室町時代のことはわからない．「何もせず，何も分からず，ただじっと暮らしていたのか，または物乞いをしていたのか」と，その時代のろう者を思い描いたが，当時の様子を想像することもできず，手話狂言はできないと思ったという．

　また，目には見えない日本人聴者の心をつかむことは難しいという問題もある．これについて彼は，シェイクスピアの劇をする場合，日本人に演じられるのかどうかという問題と重ね合わせている．シェイクスピアの劇を現代英語に翻訳して，次に現代日本語に翻訳して，と翻訳を繰り返すとだんだんピンとこなくなる．英語の語源などイギリス人でないとわからない考え方があるだろうというのである．ろう者が，聞こえる世界を手話で演じるのは，それと同じである．ろう者の観客は「聞こえる世界とはこういうものなのか」という思いで観る．一方，聴者は台詞についた手話に興味を示し，劇自体ではなく演じるろう者を観る．さらにろう者はどれほど演じられるのか，聴者にどこまで合わせられるのか，というような見方で観るのではないかと米内山は言う．聴者の劇をろう者の世界の劇に翻訳することが不可能な場合もある．たとえば，ロミオとジュリエットで窓越しに見えるジュリエットにむかって「ジュリエット」とロミオが叫び，その声を聞いたジュリエットが窓の下にいるロミオを見つけるという場面は，英語で演じるとか，日本語で演じるとか以前に，聴者文化であり，音のないろう者の文化の中では起こり得ないシーンだというのである．またそもそも聴者が口を動かして何かを伝えようとしても，ろう者から見ればただ立っているだけにしか見えず，「身体は借り物なのだろうか？」と思えてしまうのだという．ろう者の場合，語りたいことを身体を通して表現し，それが手話という形に集約されているのだと彼はいう（同前）．

　米内山らはオリジナルなろう演劇も創造しつつある．『終着駅への軌跡』はろう者のエピソードをつづった劇で，ろう者とは何かというアイデンティティーを表現しており，評価が高い（DVD『終着駅への軌跡』2004）．同

じ劇団の那須英彰とともに作ったもので，中年男性(米内山)が電車で若い青年(那須)と隣り合い，互いにろう者であることを知り，意気投合し，話しながら旅をするという劇である．沖縄のろう者の悲惨な歴史や，ろう者の死刑囚の話，北海道の炭鉱で強制労働させられたろう者の話など，全国のろう者の生の声を集めたろう者のストーリーを即興的に次々と二人の俳優が語るもので，固定された台本があるわけではない．米内山はこの劇を「ろう者の真実の魂」と呼んでいる．

　このようなろう者の芸術を手話で演じる場合，聞こえる人がその手話の台詞を観てわかるためにはどうしたらよいかという問題がある．米内山は聞こえる人が責任を持って声や字幕をつけてほしいという．日本語を母語とする人たちの文化がわかっている人が日本語に訳さなければ，日本人の聴者にはわからないというのである．しかし，当然もとの手話もよく理解できなければならない．もともと聴者とろう者の両方が登場する劇の場合，ろう者の手話の台詞を聴者が作ると不自然であるし，聴者の台詞もろう者が書くと不自然である．どうしても共同作業が必要になってくる．ろう者はつねに聴者の中で生きているのでほとんどの劇で聴者が登場することになり，ろう者が作る劇でも聴者の台詞は必要になるのである．これはマイノリティーの宿命である．したがって両方の文化をよく知る人が必要になってくる．多木は「境界に立つ人」が必要だと言う．もちろんろう者の目から見た，ろう者が描いた聴者が登場するものもあってよいし，逆のやり方，すなわち聴者が聴者の視点でろう者を描いてもよいであろう，と米内山は言う(同前)．ただ，前者こそがろう演劇というものかもしれない．

　フォーク・アートに始まった手話という言語の芸術は，ろう者が手話を言語であると認識し，堂々と誇りに思うようになるとともに，ろう文学・ろう演劇へと発展してきた．その特徴は，芸術の中で言語性を主張するということと，抑圧と解放の歴史をテーマにするということである．これらは言語として認められなかった少数言語であったからこその特徴である．また，ろう者の芸術は抑圧された状況の中で，各地で別々に継承されたため，その芸術を論ずるにはまず用語を統一することも必要であったし，マジョリティー文化へのより深い理解も必要となった．手話の芸術は聴者の文化の影響を受けざるを得ないのであり，聴者が生んだ既存の芸術を翻訳

することから始まったものも少なくないからである．また，ろう者の芸術の中で現実の世界を描くならば，聴者との共存や，自らが聴者社会の中のマイノリティーであることを描くことになる．ろう芸術として確立されるにつれ，評価されるようになるにつれ，観賞する人もやはり聴者が増えてくるため，聴者に理解されるようにという意識も働くようになる．少数言語の芸術の宿命である．つまり，手話の芸術は多文化を背景とする芸術なのである．

　手話という言語自体が音声言語から多数借用したり，音声言語に影響されてきたように，ろう者の芸術もマジョリティーである聴者の芸術との関係を無視して語ることはできない．一方で，ろう者が音声言語の使用の強制に抵抗し，手話が市民権を得るにしたがって，ろう芸術も独自のものに昇華されてきている．その中でも，手話が視覚言語であればこそ確立した視覚芸術について次節で考えてみよう．

2――視覚芸術としての手話

手 話 詩

　レイチェル・サットン゠スペンスは，手話詩を「美的手話の究極の形 (ultimate form of aesthetic signing)」と呼び，他の言語の詩同様「言語的贅沢 (linguistic luxury)」であり，メッセージより形式が重要であるという (Sutton-Spence 2005)．手話詩は物語風であるが，それでも物語とは違って手話者が見ると「詩」であるとわかる．手話詩の歴史は物語より浅く，アメリカでさえ 1960 年代にようやく現れた．詩というものが手話の伝統文化として確立したのは 1980 年代である．

　1960 年代，研究者たちが言語学的な理論で手話を分析し始めたため，手話の構造を詩に活かすことも試みられるようになった．つまり手話が音声言語同様，最小の単位とそれを結びつける規則から成り立っていることがわかり，その単位や規則が解明されるにつれて，その単位や規則を詩のテクニックとして使うようになったのである．それでも 1970 年代までにはわずか 5 人ほどしか手話の詩人はいなかった．それは英語の詩の翻訳と

しか思われず,当初ろう者には反発された.アメリカ手話で「詩」を表す単語も「音楽」と同じだった.そこで詩人で手話研究者でもあるクレイトン・バリは,その単語とは違う指文字のP-O-E-Tという単語で「詩」を表した.

　詩的であるということは創造性が豊かであるということで,詩の言語は,日常の言語からやや逸脱していることも多い.詩人はあえて言語のルールを破ったりする.また既存のルールを創造的に使ったり,あるいはまだないルールの可能性を引き出したりする.言語の限界まで美しさを追求し,時に誇張した表現で伝えたいことを強調する.

　手話の詩は,伝統的な民衆芸術の影響があるとしても,それ自体を作ったのは一部の高等教育を受けた人たちだった.ドロシー・マイルズやクレイトン・バリなどがそうである.マイルズはもともと文学を学んだ女優であり,バリは言語学者である.彼らは意図的に芸術としての手話詩を確立し,ろうコミュニティーに広めようと努力したが,必ずしも一般のろう者たちに歓迎されたわけではなかった.サットン゠スペンスは手話の詩についてむしろ聴者のほうがよく知っていることを指摘したうえで,聴者のほうがうまく分析したり,批評したりできることと,詩を作り,演じ,鑑賞することができるのはやはりろう者であること,この両者がバランスを保っているのだという (Sutton-Spence 2005).

　詩を作ることは,ろうの詩人が手話の言語としてのステイタスを上げようとする努力でもあった.口話主義の時代を経て,手話は劣ったものであるという偏見ができ,手話コミュニティー内の日常会話にしか使えないと思われてきたからである.創造的な芸術活動によってろう者は自己のアイデンティティーを感じ,自信と誇りを持つことができると手話の詩人たちは考えた.手話は「美しく,機知に富んだ使い方を工夫する余地」のある「一流の言語」(左近司,前掲)であることを彼らは知っていたのである.そして左近司が言及している日本の和歌や俳句にも,アメリカのろうの詩人たちは注目していた(後述).

　手話詩人は最初は英語の詩を訳したが,後にろうであることや手話についての肯定的な姿勢を詩によって表現するようになった.聴者からの抑圧への怒りを表した詩もある.また,聴者の中でたくましく生きていくろう

者の強さを，ユーモアを持って表したものも多い．その姿勢は前述の遮断機のジョークと共通している．手話の芸術は，つねに音声言語や音声言語話者との緊張関係から切り離すことができない．

イギリスでは1900年代に，イギリスろうあ連盟の手話詩コンテストというのがあったが，これはイギリス手話から単語だけ借りて英語を表した，いわゆる手指英語 (Signed English) によるもので，本当の手話詩ではなかった．1970年代にアメリカで「デフ・プライド」という概念ができて，オリジナルな詩が認知されるようになったが，それまではほとんど詩や歌は音声言語から手話への翻訳であると思われていたし，実際にほとんどそうであった．

1970年代にアメリカで活躍した前述のドロシー・マイルズが英語と手話を結びつけ，手話詩の先駆者となり，これが純粋な手話詩へと発展した．彼女は1931年，イギリスのウェールズで生まれ，8歳で失聴した．イギリスでは唯一のろう者のためのグラマー・スクールで学び，手話は英語に比べて劣るものという方針の教育を受け，人目を忍んでイギリス手話を使っていた．その後，アメリカのギャローデット大学に留学し，英文学を学びながらアメリカ手話を学んだ．ギャローデット大学には手話の詠唱 (chant) やABC物語や数字物語のような手話遊びがあり，その中の反復や造語や，あるいは単語の速度や大きさを変えるような技法が，後に彼女の詩に影響を与えた．1967年，彼女はアメリカろう者劇団，NDTの女優となり，そこでアメリカ手話を言語として分析し，それを使った実験のようなものが行われているのを見て，アメリカ手話の詩を作るようになった．彼女がそれまでに作った英語の詩を手話に翻訳することを勧められ，その翻訳を通してアメリカ手話が詩を創造できる言語であることを示し，ついにアメリカ手話でオリジナルな詩を作るようになる．このことは彼女が文学を学び，詩とはどういうものかということを知り，かつ手話が言語であり，したがって分析できるのだということを知っていたから可能だったのである．1977年に母国に帰ったマイルズは，イギリス手話の詩も作るようになる．

クレイトン・バリも，最初は英語の詩の技法をアメリカ手話に応用することから始めた．たとえば英語の詩が韻を踏むように，同じ方向に動く単

語を重ねたり，同じ手型の単語を重ねたり，同じ顔の表情の単語を重ねたりしたのである．あるいは比喩を使ったり，時間の経過を空間で示すこともした．

バリははじめ心理学を学び，その後ギャローデット大学で言語学を学び，言語学とアメリカ手話研究で博士号を取得し，ギャローデット大学で教鞭をとった．初期にはやはり英語の詩を作り，それをアメリカ手話にした．人々に英語の詩の翻訳を見せて，まず手話が詩になることを認めさせなければならなかったとも言える．

手話詩には繰り返しや造語の規則など手話独特のルールがあり，これは英語の詩が脚韻を踏んだり，日本の俳句が五七五で詠われたりするのにあたる．手話詩の「繰り返し」は必ずしも同じ単語を繰り返すことではない．同じ手型で違う位置，動き，方向のものを繰り返したり，同じ動きで手を握った形からだんだん指を開くようにして，いくつかの単語を並べることもある．こうして強調，感情の高まりやパターンの美しさを表す．手

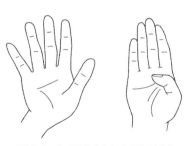

図 4-6　5 手型(左)と B 手型(右)

魔法があふれている　　震える指を肌で感じている　　くつ下の中に何か入っている　　階段を降りる私の後ろから魔法がついてくる

図 4-7　"Christmas Magic" に出てくる 5 手型を使った造語

型は開くもののほうがよりポジティブなことを表現する．たとえばドロシー・マイルズの"Chiristmas Magic"では，99単語のうち35が5手型，23がB手型である（図4-6）．その詩のために新たな単語が作られる，つまり造語ができることもある（図4-7）．手話を母語とするもの同士では，新たに作られた語彙がすぐに共有できるのである．

　どのような手型がどのようなイメージになるかは，すべてが普遍的なものではない．たとえばY手型が肯定的なイメージを感じさせるのは，Yが英語のYesと結びつくからというようなアメリカ手話特有のものもある．日本でも手話詩が作られるようになってきているが，それらには日本手話を母語とする人たちの手型に対するイメージが現われているであろう．

手話俳句

　ドロシー・マイルズは日本の俳句を世界のろう者に紹介した．最初，アメリカろう者劇団，NTDで日本語の俳句からアメリカ手話への翻訳を演じたときに，彼女は俳句が非常に短い詩であり，視覚的イメージを持つことに感動した．手話の俳句には自然に流れるように一つの景色を詠うためのルールができたのであり，彼女はアメリカ手話とイギリス手話の両方で俳句を作るようになる．彼女は英語による俳句も作っており，そこには5音節―7音節―5音節という形や，英語の詩の特徴である頭韻（同じ子音で始まる単語を並べる）などのテクニックが使われている．しかし手話の俳句のほうが評価が高く，彼女の手話俳句"Season"は多くのろう者に演じられ続けている．

　手話の俳句は音韻構造が日本語とも英語とも違っており，韻律よりも一つの景色を描くことをとおして，季節を表現するという要素が重視されている．つまり，五七五は反映されていない．たとえば図4-8の例ではある単語から次の単語につながるように手の位置が移動し，一つの流れとなっている．

　彼女のおかげで，手話の俳句は意外にも欧米のろうコミュニティーで非常に人気があり，手話俳句のコンテストなどもあるという．俳句が景色などの視覚的認知を音声に変えることが多いことを考えると，それが手話と

Spring　　Sunshine　　　　Summer　　Green

Winter　　　Contrast

図 4-8　手話俳句 "Season"

いう音声を介さず視覚記号で表現する芸術になったのは不思議ではない．手話詩や手話俳句は，手話という視覚記号そのものの美しさを芸術にしたものである．

アメリカにおける映画とろう文化

　音のない芸術はろう者にとって最も自然なものであり，その中に手話が溶け込み，その力を発揮することは容易に想像できる．無声映画の時代，映画の上映会はろう学校の伝統であった．グランヴィル・レドモンド（1893-1935）はアメリカのろう者たちの中で有名な画家であり，俳優でもある．彼はチャーリー・チャップリンのスタジオの中にアトリエを持ち，チャップリンの映画にも『犬の生活』『黄金狂時代』『街の灯』を始め 8 本に出演している．1931 年の『街の灯』は，チャップリンの最後の無声映画である．

　レドモンドは 1915 年ごろから無声映画に出て，1918 年『犬の生活』でチャップリン映画に出るようになった．彼は口話主義の時代でもろう教師を尊重した名門フリーモントろう学校で，ろうの美術教師で写真家でもあったデオフィルス・デストレラに絵画を習った．パリ留学時代には，素

晴らしい才能があり，パリでもコンクールで受賞しており，彫刻「熊狩り」で知られるろう者の彫刻家ダグラス・ティルデンとルームメートであった．

　日本でも『世界聾偉人伝1――グランヴィル・レドモンド』(2004)というDVDが発行されている．これは日本のろう者がアメリカを旅しているときに，ハリウッドの壁画からチャーリー・チャップリンが飛び出してきて，親友レドモンドについて語るという設定になっている．途中，ジョン・シュッチマン，テッド・スパラら，ろう者の大学教授が出演し，レドモンドやアメリカのろう者と映画の関係について手話で語っている．

　チャップリンは画家としてのレドモンドを尊敬しており，彼を画家の役で映画に登場させたこともあるとシュッチマンは語る．チャップリンは，自分の演技についてどうだとたずねても，皆が素晴らしいとしか言わないので，率直なレドモンドに助言を求めていたという．チャップリンとレドモンドは手話で白熱した議論を繰り広げたともいう．チャップリンはレドモンドに手話も習っていたようで，指文字を教わっている写真が残っている．

　『世界聾偉人伝1』の中で，生き返って壁から飛び出したチャップリンは，アメリカの無声映画は語りをつけられず，ところどころで字幕が出る形式なので，ろう者も聴者も楽しめるものであったこと，そしてアメリカのろう学校では生徒たちに映画を見せて感想文を書かせていたことなどを語る．無声映画の時代には，ろう俳優が5人もいたという．ろう者は身体表現の能力が豊かであり，チャップリンがその魅力をもっともよく理解する人であったのは当然かもしれない．実は映画『モダンタイムス』や『サーカス』の中でチャップリン自身も手話を使っている．

　テッド・スパラは『世界聾偉人伝1』の中でアメリカのろう者と映画の関係について次のように語っている．1880年のミラノ会議で手話が否定され，アメリカにも口話教育のろう学校が次々作られて（第5章1節参照），1910年ごろにはついにろう者の大学ギャローデット大学にも口話のできるろう者が入学するようになった．危機感を感じたアメリカろう協会は，手話の大切さを説得するために，ろう者個別に説得するのは時間がかかるので映画を作って各地に送った．しかし，口話主義の教育を受けたろう者

はすでに手話を知らず，映画の中の手話がわからなかったため，失敗に終わったという．また口話教育法が制定されたり，さらに手話を使うことやろう者が子どもを作ることを禁止する州さえあったため，アメリカろう協会はカンパにより，それらの法律に抗議する映画を約10年間で12本以上作ったという．

　無声映画の終焉と口話主義教育の台頭はほぼ同じ時期であった．トーキー時代になって，アメリカのろう学校の校長たちが字幕をつけることを要求したが，受け入れられずろう学校の上映会は消えた．そして，ろう俳優はハリウッドから前述の演劇へと移っていった．

デフ・アート

　デフ・アートと呼ばれるものには，前述のグランヴィル・レドモンドやダグラス・ティルデンのような作者がたまたまろう者である美術と，ろう者が特にろう文化を意識して創造する美術がある．音のない世界に住む，視覚に長けたろう者が，絵画・彫刻・写真などで素晴らしい視覚芸術を生み出すことは，それだけでろう者たちにとって誇りであり，大きな意味を持つ．さらに，ろう文化を意識した視覚芸術，特に手話をテーマとしたものは，少数言語者であるろう者にとっていっそう特別な意味を持つ．顔の表情・首の傾げ・うなずき・口型なども手話の一部であることは第1章でも述べてきたが，やはりろう者にとって手話を生み出す「手」というものは特別な芸術の対象となる．それは自分たちのアイデンティティーの象徴でもある．口は食べるために必要な器官であり，表情を表すためにも不可欠であるが，聴者にとっては言葉を発する器官であるということに特別な意味があるであろう．顔の絵画や写真を見るときも，何かを語り掛けそうな口元などと感じることがある．同様に，ろう者にとって手は特別な意味を持つ．ろう者の文化では，会話の最中に他者の手を押さえることは，聴者の口をふさぐのと同じだけ失礼なことである．さらに手で話すことを禁止されたり，蔑視された歴史を持つろう者にとって，豊かな手の形を芸術の中で表現することは，ときに抗議であり，ときに解放の表現であり，アイデンティティーの主張である．

　ろうの美術でもっとも古い歴史をもつのは，おそらく絵画であろう．視

覚の世界に生きるろう者には，優れた画家や彫刻家が多い．古くは宮廷画家となったスペインのファン・フェルナンデス・ナバレテ(1526-79)が有名である．彼は3歳で聴力を失い，エトワール修道院の修道士に絵画を習った．その後イタリアのティツィアーノに師事し，フェリペII世からマドリードに召喚され，宮廷画家となった．彼は壮麗な彩色法のため「スペインのティツィアーノ」として知られた．手振り，読み書きを通じてコミュニケーションをとった．彼は宗教史や物語・神話にもよく精通していたが，宮廷画家となってからは主に王や宮廷の高貴な人々の肖像画を描いた．彼は世界のろう者の中で伝説的な人である．

レドモンドやティルデンの恩師であるデオフィルス・デストレラ(1851-1929)はフリーモントろう学校の前身バークリーろう学校出身で，母校に残り，美術の先生となった．彼は写真家でもあった．また同世代のろう者の画家ジョゼフ・ヘンリー・シャープ(1859-1953)はアメリカ原住民(インディアン)の文化に魅せられ，描き続けたことで有名である．シャープは手話でアメリカ原住民とコミュニケーションをとったという．アメリカ・インディアンは，聴者であってもしばしば手話を使ったのは前述の通りである．日本でも八木道夫・安元亮祐ら鑑札を持つ優秀なろう者の画家がいる．

このようにろう者は美術の分野で活躍してきたが，アメリカで「デフ・プライド」という考え方が生まれてから美術もやはり新たな展開をみせる．それは文学などと同じように，自分たちの文化，特に手話を抑圧する力に対する抗議であり，手話の美しさ，手の美しさを表現した作品を描くグループが生まれたことである．

ラルフ・ミラー(1905-1984)は，アメリカで最初の手話を描いたイラストレーターである．彼はイリノイ生まれで，小さいころから絵の才能があったが，当時は聞こえないのに絵の勉強などできないと周囲から反対され，大工になることにした．しかし，絵は描き続け，やがてシカゴの美術学校に行くことになる．経済的理由で学校は続けられなかったが，ギャローデット大学から子どもの教科書のイラストを描くよう頼まれる．これは手指英語の教科書であったが，これが後にアメリカ手話で描いた童話の挿絵となる．

図 4-9　ラルフ・ミラー「ろう者のピクニック」

　彼の娘のベッティ・ミラーは，新たなろう美術運動 De'VIA (Deaf View Image Art) を起こしたアーティストの一人である．父ラルフ・ミラーは娘たち若い世代の画家に触発され，手話をテーマにした絵を描き始めるが，De'VIA を見ずにこの世を去る．彼の「ろう者のピクニック (Deaf Picnic)」(1977) は，アメリカのろう者の主たる社交の場であったピクニックを描いたもので，何を話しているかもわかる (図 4-9)．手話は視覚言語なので，紙の上にそのまま書き残せるところが音声言語との大きな違いである．

　1989 年 5 月，娘のベッティ・ミラーたちの生んだ運動 De'VIA は同年 7 月に行われた「デフ・ウェイ」という今では世界中のろう者に有名なろうの文化的祭典に先駆けてギャローデット大学のウォッシュバーン・アート・ビルで開かれた美術のワークショップである．9 人のアーティストが集まってろうの美術，デフ・アートとは何かを論じた．その結果としてのマニフェストが「デフ・ウェイ」で発表された．それは，ろう者としての生い立ちや体験を表現することがデフ・アートだという内容のものである．ベッティ・ミラーの「手話と共に育つ (*Growing with ASL*)」(1992) は手がだんだん上に昇っていくところをいくつもの目が見つめている絵画であ

図 4-10　ベッティ・ミラー
「手話と共に育つ」

図 4-11　スーザン・デュポア
「ろうのアメリカ人」

る（図 4-10）．手と目を描くのが彼女の作品の特徴である．視覚言語である手話があってこそ生まれた美術であり，また画家であるラルフ・ミラーの2世であればこそ，生まれた芸術であると言える．デフ・ストーリーがデフ・ファミリーの出身のろう者から生まれ，あるいは引き継がれ発展していくのと同様である．

　De'VIA に始まったデフ・アーティストの活動は，ますます鮮明になっていく．スーザン・デュポアの作品は，ベッティ・ミラーたちよりもさらに攻撃的になっている．彼女の「ろうのアメリカ人（*Deaf American*）」(1989) は少女が自由の国であるアメリカの旗の前で険しい顔で補聴器を手に乗せている（図 4-11）．

　日本でも同じような動きが起きている．2005 年に横浜で開かれた「デフアート フェスティバル 2005」はろう者による絵画，写真，演劇，映画などの発表の場であり，またろう文化に対する社会的理解と関心を高めようというフェスティバルであった．ギャローデット大学のジェーン・ノーマン，チャールズ・ベアードが特別講師として招かれた．前者はろう映画研究者で，後者はデフ・アーティストであり，二人とも 2002 年の「デ

図 4-12　乗富秀人「誇り」　　　　図 4-13　乗富秀人「安らぎ」

図 4-14　砂田アトム「千手聾観音」

フ・ウェイⅡ」でも活躍した．

　絵画の展覧会では，作品が「ろう」をテーマとしたものに限られていた．「手話で」教育するフリースクール，龍の子学園の子どもたちの手形で描いた大きな絵があったり，ろう画家の絵画も展示されていた．たとえば乗富秀人の「誇り」(2005)は，石が口話教育で苦しめられたろう者を表し，それを手がささえている（図4-12）．また「安らぎ」(2005)は，「アイ・ラブ・ユー」の意味の手話の形をした木に，ふくろうが2羽寄りそっ

てとまっている（図4-13）．砂田アトムの「千手聾観音」（2003）には，さまざまな手型が描かれており，真ん中の観音様は手話で「ろう者」と言っている（図4-14）．千手観音と言えば，中国聴覚障害者舞踊団のダンスは日本でもテレビ報道などで有名になった（後述）．手が特別な意味を持つろうの芸術のモチーフとして，千手観音が使われるのはもっともなことである．

　無声映画や美術など，もともと音がなく視覚に訴える芸術の中では，手話は音声言語と違って意味を伝えることができ，手話そのものを芸術とするのにふさわしいジャンルである．手話は視覚芸術の中で言語性を発揮できるところが，音声言語と決定的に違うのである．次に，芸術の中での手話と音声言語の共存と融合を考えてみよう．

3──モーダリティーの変換と新たな芸術

手話の歌

　アメリカでは1970年代に，ろう者自身がポップミュージックを手話で歌い始めた．それより前に賛美歌を手話で表す手話聖歌隊はあったが，それは聴者の指導によるものであった．手話のポップグループは公演ツアーも行った．1990年代には，ろうをテーマにした内容のポップミュージックが作られるようになった．しかし，ある程度音が聞こえる人にしか意味がないので，かえってまったく聞こえない人たちを孤立させるという批判もあった．

　最近では，歌詞を手話に翻訳したものと，最初から手話で作られた視覚音楽というものに分けるようになった．後者は最初から手話者が音楽と感じるものを手話によって奏でるのである．それに聴者が音楽をかぶせて，コラボレーションをする場合もある．デフ・アーティストたちの作ったインターネットのサイト"HANDSPEAK.COM"（http://www.handspeak.com/tour/）には，手話の音楽に挑戦したい聴者の皆さんは，地元のろう者に声をかけて教えてもらいましょうなどと書いてある．ちなみに，そのサイトには一般の人からの面白い実話なども書き込めるようになっており，「うちの子どもとプールで泳いでいたら，猫が鳴きながらプールサイドを歩い

ていたの．猫が鳴いてるわって言ったらうちの子ったら，わかってるよ，唇読めるもん！　だって」という具合である．このサイトを見ていると，手話の芸術を論じるときに，どこからどこまでが物語なのか，詩なのか，音楽なのか，美術なのか，そもそも聴者が決めたジャンルでろう者の芸術をジャンル分けすることは適切なのかという疑問も生まれる．少なくとも，日本語の「音楽」ということばは視覚になじまない．しかし，ろう者は音程や音色まで理解することはできなくても，空気の振動で音楽を感じることができる．音が鳴ったとか，リズムを刻んでいるということは，空気の微妙な振動で感じられるという．

　最近になって，ろう者と聴者の音楽を認知する脳の動きは同じであることが脳科学の進歩でわかってきた．ディーン・シバタは fMRI で，ろう者と聴者が手に振動を感じたときの脳の反応を調べた（"Feel the Music" 他）．驚くべきことに，ろう者の場合，聴者の脳で振動が感じられたときに反応が見られる部分のみならず，聴覚野が活性化することがわかった．脳は最大限の効率で働くように発達するのである．ろう者が音楽が好きだと言ったり，音楽に合わせて動けるのには科学的根拠があるのである．音は本質的に振動であり，それをろう者が触覚で感じる場合と聴者が聴覚で感じる場合とで，同じように脳が動いているということである．情報のモーダリティーにかかわらず，その情報の本質的な性質が脳を発達させていくのであり，脳はモーダリティーを超えて情報の本質をとらえることができるのである．言語が音声と必然的な関係を持たないように，音楽が音楽であることの本質は聴覚と必ずしも必然的な関係にないのかもしれない．このように，ろう者も聴者も音楽を聴くという同じ体験をしているのである．「音＋楽」ということばは，音楽の一面しか言い表していないのかもしれない．

　聞こえる人の音楽と聞こえない人の音楽で共通するものは，振動と時間を区切るリズムである．人間はさまざまなリズムの違いを認知する能力を持っており，そのリズムで何かを感じる．しかも複数の人が共同して動く芸術には，リズムを合わせることが必須である．このことは芸術のコミュニケーションとしての側面を感じさせる．

　日本では最近，ろう者と聴者が混じった音楽グループも増えている．手

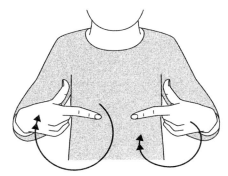

図 4-15　日本手話の「いつも」

図 4-16　バンド「こころおと」

話を使って音楽活動をしている聴者のミュージシャンのグループもある．また，ヒップホップのダンスの中に，手話の手型が非常に自然に入っているものもある．たとえば日本手話の「いつも」は若者のヒップホップ系の振り付けによく溶け込んでいる（図4-15）．

　人気のバンドやダンサーが出演する D'LIVE は，楽器や音声言語による音楽と手話を使ったコンサートで，会場はろう者と聴者の若者であふれている．バンド部門のディレクターの武井誠は CODA，つまり親がろう者である聴者である．しかもその両親はアメリカ人のろう者と日本人のろう者であり，彼は二文化，多言語（日本語・英語・日本手話・アメリカ手話）の中で育った．彼のバンド「こころおと」（図4-16）はろう者と聴者で構成されている．筆者は手話者の認知実験のために，彼に若いろう者を集めてもらったことがあるが，その際，小さい頃から手話のできるろう者，大人

になって手話を知った人など，さまざまなバックグラウンドの人たちがコミュニケーションを共有するための中心に彼はなっており，印象深かった．彼は学生時代からバンドを結成し，アーティストとして活動を始めたが，現在は手話通訳や手話教師としても活躍している．文字通り手話と音声言語の架け橋であり，ろう文化と聴者文化，同時に日本文化とアメリカ文化の架け橋でもある．前述の多木浩二の言う「境界に立つ人」(米内山，多木 1996) なのである．

手話と舞踊

2005 年の愛知万博の際に来日した中国聴覚障害者芸術団の「千手観音」は，いくつかのテレビ番組でも紹介された．ろう者であるからこそ，手の美しさを理解し，手で美しい表現ができるのかもしれない(図 4-17)．

手は舞踊の中で重要な芸術表現のツールである．たとえば，インドの舞踊バラタナティアムには，手話の言語に近い複雑なルールを持った手指・視線・頭などの動きがあり，手の動きには片手で表すものが 31 種，両手で表すものが 23 種あり，頭の動かし方に 9 種，目の動かし方に 8 種，首の動かし方に 4 種あり，名詞・動詞・形容詞などの語彙もそろっている(Bhavnani 1965)．舞踊の中で，手が言語的な意味を表現することは，人間が手を使って細かい意味を表すための規則を作ることの一つの例である．

図 4-17　中国聴覚障害者芸術団「千手観音」

ジェスチャーもパントマイムもそうであるが，舞踊も芸術的なものに細かい意味を持たせようとするとき，それは言語に近くなっていく．逆に，ろう者の場合は言語能力を実現するために手を動かすことが，必然的に手話を生み，それを限りなく美しく表出することで芸術の手段とした．舞踊は，手話という視覚言語が美しさを発揮するのに最も適した芸術であり，それゆえに日本の若い人たちも，ろう者に限らず，バンドやダンスチームのパフォーマンスの中で手話を取り入れるようになったのである．

少数言語が生み出す芸術

手話者が生み出す芸術には，ろう者が彼らの言語である手話を手段として使った「文学・演劇」があり，手話そのものの視覚記号の美しさを表現した「絵画」などの美術があり，さらに音を視覚記号やその動きに変換していった手話の「音楽」，それをさらに身体表現という美に昇華していった「舞踊」などがある．これらの芸術は，手話を話すマイノリティーが，音と音声言語を持つマジョリティーに囲まれ，マジョリティーの芸術にさらされ，ときに影響を受けながら，あるいはあえてマジョリティーの芸術を応用しながら生み，発展させてきたものである．これは，少数言語が多数言語に囲まれている場合に共通する特徴である．しかし，手話者は少数言語の中でも，その言語文化を親から必ずしも受け継ぐわけではないという点で特異な存在である．手話芸術を創造し，継承し，発展させていく手話者は集団としてではなく，一人一人がマジョリティーに囲まれ，マジョリティー文化にさらされ，それを自己の中に取り入れながら，あるいはむしろマジョリティー文化を持って育った自己からの脱却を図りながら，アイデンティティーを確立していく運命にある．そうであればこそ生まれた芸術が，手話の芸術なのである．

この特異な少数者芸術の創造者には大きく分けて二通りある．一方で，ろう文化継承の中心的存在であるろう者二世がいる．他方，ろう者の大半は親が聴者でろう文化を知らないため，むしろ自身の中にろう文化を取り入れることが大きなアイデンティティー・クライシスになるろう者がいる．

前者は数の上からは少数であるが，手話芸術の創造者・継承者としては

手話者の中のマジョリティーである．しかし，ろう文化の中で生まれ育った彼らとて，一人一人がマジョリティーに囲まれ，アイデンティティーを形成していくのである．たとえば，アメリカのろう演劇界のスーパースターで，「サインマイム」というパントマイムと手話を融合させたジャンルを生み出したバーナード・ブラッグは両親はもとより伯父・伯母もろう者で，手話が当たり前の環境で育った．手話で語り，翻訳された自叙伝『笑いのレッスン』には，彼が2歳半のとき，初めて聞こえる人たちの大きな世界の中に，ろう者である自分とその家族の世界があることを知ったことが記されている（Bragg 2002）．母親が煙草を買いに行かせた日のことである．そこで口だけしか動かさない人間を見て，幼い彼は驚き，自分はろう者なのだということを発見するのである．やがて彼は遊んでくれない近所の子どもたちをはじめ，周りにろう者ではない人があふれていることを悟る．こうしてろう文化を継承する人たちも，つねに聞こえる人を意識しながら，自分はマイノリティーであるのだという自覚とともにアイデンティティーを築くのである．口話主義ではなく，手話が許された寄宿制のろう学校に入ったブラッグも，音声言語を発し，読み取ることを訓練されながら，そして聞こえるほうが普通なのだと社会から教えられながら育っていくのである．そのことが前述のデフ・ジョークやろう演劇に見られるように，ろう芸術のテーマになり，モーティベーションになっている．

　そして，もう一つのろう芸術の担い手は，聴者の親の下に生まれ，音声言語を母語とし，マジョリティーの文化を持って育つ人たちである．この人たちはさらに特異である．ダンサーであり，女優であり，手話ソングシンガーでもある大橋弘枝の自伝『もう声なんかいらないと思った』には，聴者の文化を教えられて育ち，その中で聞こえない自分を聴者に変えようとする力に抵抗し，やがて手話に出会うことで，自身をろう者に変えようともがきながら，新たな自分を見出す姿が描かれている（大橋 2004）．そこには聴者の文化を持ち，音声言語を母語とするがゆえの自分のプライドに気づき，それを愚かなことだと思うようになり，手話とろう文化の中に自分らしさを見出す彼女の姿が描かれている．ろう文化の中で彼女は解放され，ろう者としての自分に誇りを感じるようになるのである．さらに興味深いのは，手話によって解放されてからの自分が，ろう者として生きたい

あまりに口話ができないふりをして，ろう文化ばかりを主張してみるものの，やはり純粋なろう者として生きていくのは偽りの姿であることに気づくことである．そしてついに聴者として育ち，ろう者として生きる自分というアイデンティティーを確立する．その葛藤の中でこそアーティスト大橋弘枝が形成されていくのである．そのことは彼女が生み出す芸術に，聴者の音楽と手話とダンスが溶け込んでいることに表れている．

彼女は 1999 年，俳優座劇場プロデュースの『小さき神のつくりし子ら (Children of a Lesser God)』で第七回読売演劇大賞優秀女優賞を受賞している．これはアメリカ人マーク・メドフが 1980 年に書いた戯曲で，ろう者である主人公の女性と聴者である教師の愛と葛藤の物語である．ブロードウェイで好評を博したこの劇は，1986 年にハリウッド映画『愛は静けさの中に』にリメイクされ，主演のマリー・マトリンがアカデミー賞主演女優賞を受賞している．このマリー・マトリンが，後になって口話ができることがわかって，一部のろう者から本当のろう者ではないと批判されたことも，大橋弘枝が口話ができないふりをしてろう文化ばかりを主張したことの一つの理由であったという．このように，ろう文化で育てられなかったろう者は，手話者というマイノリティーの中でさらに弱い存在であり，ろう文化で育ったろう者というマジョリティーに同化しようとする特異な存在である．彼らのアイデンティティー形成の中の葛藤が，聴者の文化とろう文化の化学反応のように融合し，特異な芸術を創造するのである．

いまは手話やダンスで音楽を表現するアーティストである大橋弘枝も，子どものころの音楽の授業は大嫌いだったという．姉が笛を吹くのを見て指使いをまね，母親が背中をたたいてリズムを教えるのであるが，どんな音が出ているかを自分はわからない．歌の場合もリズムとテンポは暗記するけれど，音程はわからないので，皆の前で歌うのは大嫌いだったという．このように聴覚経由の音楽の感じ方をろう者に押し付けても，ほとんど無意味である．聞こえる子どものための音楽の授業は，聴覚を前提とした教授法であり，ろう児の芸術性を育むことは難しいのである．しかし，聴者の中で育ったがゆえに，音楽との接触が多かった彼女は洋楽に興味を持った．そして，リズムやビートにあわせて激しく踊る海外のアーティストたちに魅かれた．手話に出会ってからの彼女は音楽を身体で感じ，視覚

で感じることで楽しむようになり，ビデオでジョン・レノンの"Imagine"などを見て，リズムとテンポを覚えて手話で歌うようになる．こうして自然に聴者の音楽と手話が結びつき，アメリカ留学や演劇の経験もあいまってアーティスト大橋弘枝が育ったのである．ついに彼女は 2005 年にアメリカの有名な黒人ろう者のダンスグループ，ワイルドザッパーズ (Wild Zappers) とミュージカルに出演，『ウエスト・サイド・ストーリー』のマリア役を演じた．

　聴者の中でメインストリームに入るべく音声言語を教えられ，あるとき音声言語の文化が自分にはふさわしくないことに気づき，そしてろう文化に飛び込むというろう者は多い．ろう文化と音声言語の文化を隔てる壁を乗り越えてろう文化に入ったろう者は，小さいころからろう文化の中で育った人とは違って，実は聴者の文化をアイデンティティーとして持ってしまっている．しかし，一度壁を越えてろう者の世界に入った人が聴者としてのアイデンティティーを自ら認めることは，一度越えた壁をもう一度越えて帰るような思いを彼らに持たせることになる．そのような苦しみを多くのろう者が体験するのである．しかし実は『小さき神のつくりし子ら』のような演劇が聴者とろう者とで作り上げられること自体が，ろうの世界と聴者の世界の壁をすでに崩しつつあるのである．この演劇の日本での初演で，ジェイムズ役の今井智彦は聴者でありながら，異例の速さで手話をマスターしたという．また難聴の役を演ずる聴者たちは，難聴者独特の発声を習得したという．

　大橋弘枝のように，一足先に壁を壊しつつあるアメリカに渡り，自分を見つける若いろう学生を筆者は多く知っている．アメリカでは，壁を作らなければ，ろう文化が聴者の文化に吸い込まれていきそうな時代は終わったのかもしれない．

　そもそも手話自体に多数の音声言語からの借用語が入っている．たとえば，日本語には外来語やカタカナことばが多数入っているのと同様である．マイノリティーは多かれ少なかれ，マジョリティーの文化に適応しながら成長する．大部分のろう者の場合，ろう文化は知らず，聴者の文化を身につけながら，ときに音声言語を母語とするという生理的に不可能に近いことに努力を強いられながら育つのである．そして長じて，ろう文化を

自力で見つけていくのである．自分らしい文化を見つけたときには，すでに自分は聴者の文化をアイデンティティーとしてしまっている．そのため，自らろう者を見下す偏見や優越感を持ってしまっていることが多い．自らの自然なあるべき姿を否定してしまう自分が存在するのである．この葛藤の克服は，すでにろう者と聴者の芸術の融合を意味するのかもしれない．そしてつねに個性と創造性を必要とする芸術というものを通して，アイデンティティーの葛藤を克服するろう者たちは，その過程で認知構造の違う両者，つまりろう者と聴者の芸術の融合を成し遂げるのである．これは，ろう文化というマイノリティー文化がその民衆芸術を密かに純粋に保ってきたのとは違う，ろう芸術のもう一つの姿である．

思考や言語のモーダリティーが聴者と異なるろう者の文化や芸術が，完全に聴者の文化や芸術に吸収されることはあり得ない．しかし，どんな文化もほかの文化との接触により変貌を遂げていく．ろう文化もそうである．ろう者や手話に興味を持つ若い世代の聴者は，すでに新たな音楽やダンスの中に手話を位置づけており，あらたな文化を生み出しつつあるのである．

ミュージカル

2004年，アメリカのミュージカル『ビッグ・リバー』が日本で上演された．マーク・トウェイン作の『ハックルベリー・フィンの冒険』が1985年にミュージカルになり，トニー賞7部門を獲得したが，これがろう者と聴者からなるデフ・ウエスト・シアター(DWT)によって，手話と英語のバイリンガル・ミュージカルになり，2003年ブロードウェイで上演され，好評を博した．すべて台詞はアメリカ手話で語られるが，聴者の俳優は自分で英語をつけながら手話で語り，俳優がろう者の場合は，たとえば主役のハックの台詞はナレーター役のマーク・トウェインが背後で語るなど，さまざまな工夫がなされている(図4-18)．その声は別の人が発していることを忘れてしまうほど，手話で語るハックとぴったり合っている．どちらかが通訳や字幕を見なければならないという鑑賞の妨げがまったくないのである(もちろんアメリカ手話か英語のどちらかの話者にとってである．残念ながら日本での公演では，舞台の脇に翻訳の文字が流れ，

図 4-18　ミュージカル『ビッグ・リバー』

観客はその日本語を読むのである).クライマックスでは美しい音楽が突然鳴り止み,手話だけのコーラスとなる.音のないコーラスの迫力に観客は圧倒される.

　この作品はろう者の芸術と聴者の芸術が融合したものであり,言語的にみれば,手話と音声言語であればこそ真のバイリンガル芸術の創造が可能であったことを見せつけてくれる.もしも二つの音声言語のバイリンガルの芸術を作ろうとしたら,音が入り混じって聞き取れないか,どちらかは文字を使うことになり,二言語本来の美しさを同時に表すことは不可能である.また舞台の上で視覚的に言語表現ができるというのも,手話であればこそである.

　制作にあたっては,英語の台詞を手話通訳士と俳優たちがじっくり時間をかけてアメリカ手話に翻訳したという.有名なろう女優リンダ・ボーブたちは,1年もかけてこの翻訳を行ったという.リンダ・ボーブといえ

ば，セサミ・ストリートでもおなじみで来日もしている．彼女はアメリカろう者劇団，NTD 創設のメンバーであり，1991 年には夫のエド・ウオーターストリートとロサンジェルスにデフ・ウエスト・シアター (DWT) を設立した．そしてこの DWT がアメリカ手話と英語のバイリンガルの『ビッグ・リバー』をラウンド・アバウト・シアターと共同で制作したわけである．DWT は数々の演劇賞やミュージカル賞を受賞している．

　ロサンジェルスの DWT 劇場は座席に振動が伝わりやすい装置を設置し，視線をフォーカスしやすいように照明の工夫がなされるなど，ろう者の観客への配慮がなされている．最初は手話のみの上演を優先し，聴者はヘッドフォンで台詞の翻訳を聞いていた．しかし観客の 95% は聴者であることから，ろう者と聴者が平等に楽しめる上演形態が模索された．また，ろう者と聴者が共演することを作品の解釈に反映させ，たとえば『ビッグ・リバー』ではハックをろう者が演じることで，黒人奴隷のジム同様世間の枠からはみ出した人間であることを伝えたり，また劇中の歌 "World Apart" で象徴されるハックとジムの白人と黒人というギャップは，ろう者と聴者のギャップに反映されている．同じく DWT で上演された『欲望という名の電車』では，主人公のブランチを聴者が演じ，それ以外のキャストをすべてろう者が演じることでブランチの疎外感を強調したという．

　芸術的手段として融合があり，しかしなお二つの別の世界，あるいは疎外される者と疎外する社会，マイノリティーとマジョリティーのギャップは芸術作品のモチーフとなり，芸術の中で象徴として使われ続けるのである．

　二言語の芸術『ビッグ・リバー』においては，翻訳や聴者の手話習得が難題であることは確かである．しかし，そのことは新たな芸術の発展にもつながる．2003 年のブロードウェイ公演の際，リンダ・ボーブはこの作品の手話への翻訳について，原作を壊さないように苦労したこと，さらに英語のリズムや韻律を調べて，それに合う手話の翻訳を作っていったことは新たな芸術の形であると語った．それは始まったばかりの芸術で，いま改善されつつあり，彼女もまだまだ満足はしていないというが，それが育っていくのを目の当たりにすることに魅かれるというのである (*Japan*

Times, July 30, 2003).また，黒人奴隷ジム役のマイケル・マッケロイはブロードウェイのミュージカル俳優であるが，手話は初体験であった.『ビッグ・リバー』のために5週間という短期間に驚異的な速さでアメリカ手話の台詞を覚えたという．彼はダンスの振付けのように手話を覚えて，意味は後から理解したという．手話というものをマスターした彼は，手話は役作りの新たな方法なのだと語っている．手話で話すと舞台の上で手のやり場に困ることがないというのである．

演出と振り付けのジェフ・カルホンは，『ビッグ・リバー』はろうの世界と聴者の世界の結婚であり，よい結婚というのは両者が対等の関係に基づいているべきであるから，舞台の上ですべての瞬間に音声言語と手話を存在させたと言っている．そして手話と音声言語の架け橋となるものがダンスである．ジム役のマイケル・マッケロイがまず振り付けとして手話を覚え，その後に言語としての手話を習得したように，手話の視覚記号としての形のみを模倣することはダンスなどの身体表現をするのとよく似ている．耳のよい人が，意味がわからなくても外国語をおうむ返しにできるのと同じである．もちろんそれを言語として運用できるかは別問題である．しかし，手話とダンスはどちらも身体表現であることは共通している．

一方で，ハック役のろう者の俳優タイロン・ジョルダーノは，そのダンスや身のこなしに手話者ならではの美しさを発揮している．その表現力はミュージカルの第一線で活躍した俳優たちの中にあっても目立っていた．多木浩二は，ドイツの劇作家ペーター・ハントケの無言劇の中で，聴者のダンサーとろう者ベスカルデースが演じるのを見て，ダンサーの身体は形でしかないのに，ベスカルデースの身体は言語的意味に向かって開いていると感じたといっている（米内山，多木 1996）.

手話とダンスは身体表現として，また見る人からは視覚記号として共通のものである．これが手話をダンスと結びつけ，ダンスは音楽に結びつき，そして音楽は歌という音声による言語表現へとつながっていく．ミュージカルの中で音声言語と手話が融合され，新たなバイリンガルの芸術を生み出すのは必然的なことでもあった．

芸術の中では創造性が求められるだけに，ときにあえて異文化を取り入れる．そこで芸術を通してマイノリティーとマジョリティーの文化が融合

する．マイノリティーは自分たちの芸術を純粋に保とうとする一方で，自らの言語文化をマジョリティーに認めさせるためにマジョリティーの芸術の中に飛び込むことを歓迎することもある．マイノリティーとマジョリティーの境界に立つ人や，その両方を持ち葛藤する人や，どちらかの文化を持ち，もう一つの文化に飛び込む人がいなければこのようなことは生まれない．けれども，こうして芸術の世界でマジョリティーとマイノリティーが共存することが両者の壁を壊すことにもなる．さらにモーダリティーの違う言語を持つろう者と聴者の芸術が，融合することで，いっそう豊かな芸術が生まれる．

　この章では，手話の芸術を紹介した．まず言語の芸術の中でその言語が手話である場合，次に手話の視覚記号である点が視覚芸術に結びつく場合，そしてろう者の視覚中心の認知および手話という視覚言語と，聴者の認知および音声言語とがぶつかり合い，融合する場合について考えた．ろう者は聴者になれないし，聴者もろう者にはなれない．その意味で，ろう者の芸術にとって聴者の文化は異分子であり，聴者の芸術にとってはろう者は異分子である．特に演劇の場合，ろう者が聴者を演じなければならないことも，聴者がろう者を演じなければならないこともある．それはそれで日本人が外国を舞台とする外国の演劇を演ずるのと同じであるが，ろう者と聴者が共存する世界を演じるとき，それはたいてい異文化をテーマとしたものになる．マイノリティーの芸術は社会を描くとき，マジョリティーを除いて描けない．またマジョリティーの鑑賞に耐えなければ経済的な問題から存続しにくい．

　手話の芸術は視覚芸術としての伝統を持ち，聴者の芸術の影響を受け，あるいはそれとの融合により，音のない世界ならではの芸術や，音声や音楽を視覚化するという新たな芸術を生み出してきた．ろう文化は手話を中心とした芸術を確立し，一方で多言語社会がゆえの新たな芸術も生み出しているのである．手話の芸術のテーマは，聞こえない世界で生きる人々の苦難の歴史とそれからの解放，そしてデフ・プライド，つまりろう文化への誇りへと発展してきた．手話の芸術は，手話という言語の美の追求と，ろう者の愉しみとアイデンティティーの現れである．一方，手話の芸術を

通して芸術の中の視覚と聴覚の関わり，あるいは芸術の中で視覚と聴覚の架け橋となる触覚，振動を認知する感覚，そしてそれらモーダリティーの違いを越えた人間の創造性と美への意識が見えてくる．

　手話の芸術の特徴は，少数言語の芸術であり，つねに多数言語に囲まれている芸術であること，そして視覚言語の芸術であり，音のない世界に生まれた芸術であるということである．その特異な文化には，聴者の気づかない人間の潜在的な優れた視覚能力が表れている．ろう者も聴者もその価値に気づくのに時間がかかった．今後，手話の芸術が発展するためには，教育の場での手話の保障と，世代から世代へのろう者の価値観の継承が必要である．教育の場で手話の保障を獲得することが困難であった歴史，そしてろう者の価値観の継承を脅かす人工内耳の出現について次章で考えてみよう．

[参考文献]

Bhavnani, E., 1965, *The Dance in India*, D. B. Taraporevala Sons & CO. Private Ltd.

Bragg, B., 2002, *Lesson in Laughter* Galludet University Press.

Ghosh, M., 1957, *Nandikesvara's Abhinayadarpanam*, Firma K. L. Mukhopadhyay, Calcutta.

Klima, E. & U. Bellugi, 1979, *The Signs of Language*, Harvard University Press.

Ladd, P., 2003, *Understanding Deaf Culture in Search of Deafhood*, Multilingual Matters Ltd, Clevedon.

Miles, D., 1976, *Gestures: Poetry in Sign Language*, Joyce Media.

Mirzoeff, N., 1995, *Silent Poetry*, Princeton University Press.

Padden, C. & T. Humphries, 1990, *Deaf in America; Voices from a Culture*, Harvard University Press.

Rutherford, S. D., 1983, "Funny in Deaf—Not in Hearing", *Journal of American Folklore*, Vol. 96, 310-322.

Sonnenstrahl, D. M., 2002, *Deaf Artists in America*, Colonial to Contemporary, DawnSign Press.

Sutton-Spence, R., 2005, *Analysing Sign Language Poetry*, Palgrave Macmillan.

Wilcox, S., 1989, *American Deaf Culture: An Anthology*, Linstok Press.

井崎哲也，平塚かず美，2004,「手話狂言における手話表現」『手話コミュニケーション研究』No. 51, 15-27 頁．

植野慶也，2004,「舞台・演劇用語手話研究への経緯と全日本ろう者演劇会議」『手話コミュニケーション研究』No. 51, 2-14 頁．

エリクソン，ペール，2003，『聾の人々の歴史』中野善達，松藤みどり訳，明石書店．
大橋弘枝，2004，『もう声なんかいらないと思った．』出窓社．
斉藤くるみ，2003『視覚言語の世界』(改訂増補，2005) 彩流社．
バウマン，D，1996，「視覚，空間，肉体の詩学へ向けて──手話と文学理解」梶理和子訳，『現代思想』(臨時増刊号総特集「ろう文化」) vol. 24-05, 313-328.
パッデン，C. & T. ハンフリー，2003，『ろう文化案内』森地，森亜美訳，晶文社．
バーハン，B，米内山明宏，1996，「ろう文学とは何か」『現代思想』(臨時増刊号総特集「ろう文化」) vol. 24-05, 336-341 頁．
ビエンヴニュ，M・J，1996，「デフ・ユーモア」『現代思想』(臨時増刊号総特集「ろう文化」) vol. 24-05, 195-199 頁．
平井玄，1996，「『音楽批判』としてのデフ・ミュージック」『現代思想』(臨時増刊号総特集「ろう文化」) vol. 24-05, 287-291 頁．
米内山明宏，多木浩二，1996「ろう演劇と言葉」『現代思想』(臨時増刊号総特集「ろう文化」) vol. 24-05, 212-232 頁．

(新聞等)
左近司祥子「視覚言語の世界──手話の便利さ，奥深さの謎に挑む」『毎日新聞』(2003 年 1 月 26 日朝刊)．
"Heard the One about the Musical for the Deaf?" *Japan Times*, (July 30, 2003).
『デフ Q』No. 1 (1990)—No. 27 (2005), 全日本ろう者演劇会議．

(プログラム)
The Deaf West Theatre Production of Big River—the Adventure of Huckleberry Finn (2004. 9. 28-10. 24 プログラム)

(ビデオ・DVD)
ビデオ『ろうものがたり』2002, Kei オフィス．
ビデオ『ろうのくに』2003, 聾市場．
DVD『世界聾偉人伝 1──グランヴィル・レドモンド』2004, 聾市場．
DVD『終着駅への軌跡』2004, ワールドパイオニア．

(インターネット)
「大阪ろう劇団新車座とは」(2005 年 8 月 26 日) http://s-kuruma.hp.infoseek.co.jp/what's.html
"World Exchange of Cultures Project" http://www.wejapan.net/dance01-3.html
"American Sign Language Poetry: A Demonstration for Internet 2" http://www.georgetown.edu/research/i2/asl/
"Brain Scans Show Deaf Subjects 'hear' Vibrations" (Nov. 28, 2001) http://

www.csiam.com/prontversion.cfm?articleID=000C2254-1C3C-1C-B8828
"Feel the Music" (Nov. 27, 2001) http://www.nature.com/nsu/011129/011129-10.html
"HANDSPEAK.COM" (Nov. 10. 2005) http.//www.handspeak.com/tour/
"Study with the deaf reveals brain's 'rewiring'" (Jan. 11, 1999) http://www.rochester.edu/pr/Currents /V27/V27NO1/story5.html

第5章

教育の中の手話とろう文化の未来

手話の運命は，ろう教育のあり方と密接なつながりを持つ．なぜなら手話はろう者の中で自然発生する言語ではあっても，必ず親から子へと伝えられる保障のない少数言語だからである．手話がろう文化集団の言語として確立するには，ある程度標準化され，しかも次世代に伝承される必要があり，それにはろう学校が大きな役割を果たしてきた．また，ろう学校で手話が禁止された時代があることは，ろう者の社会的地位や手話という言語自体の構造に影響を与えてきた．ここでは手話の存続に影響を与えてきた教育のあり方と手話存続に新たな脅威となっている人工内耳について考えてみよう．

　ろう教育の発祥から初期の歴史については，明らかになっていることは多くないが，ここではその概要を述べながら（初期の歴史は，エリクソン 2003 による），手話教育と口話主義教育の対立の時代へと下り，そして現在多くの国で手話を公用語として認め，バイリンガル・バイカルチュラル教育が行われている状況を紹介し，その中で少数言語としての手話に対する新たな脅威となっている人工内耳の是非について異なる立場の見解を紹介しながら，ろう者と聴者双方の言語とアイデンティティーの関係を明らかにし，最後に手話とろう文化の未来について考えてみたい．

1——ろう教育の歴史

ろう者と手話の歴史の始まり

　古代エジプト人によって書かれたパピルスに，ろう者は神々によって特別に選ばれた人であるという記述がある．自らもろう者で，ろう者の歴史の研究家であるスウェーデンの P・エリクソンは，ろう者はその沈黙や特異な行動から，神秘的であり，選ばれた人々とみなされ丁重に扱われたであろうし，象形文字はろう者の教育に使われたに違いないという．またエリクソンは，古代ギリシャのプラトン（紀元前 427-347）がろう者が身振りで表現する様を記述していることを指摘し，これを最古の手話への言及としている．一方，紀元前 2 世紀のスパルタでは国家の軍事に役に立たない障害者は殺害されており，ろう者も同じ運命であったという．

アウグスティヌス (354-430) は手話を目に見える言葉 (verba visibila) と呼んだ．ろう者は手話によってイエス・キリストを知ることができるとした．これは信仰が聞くことによって始まるという初期のキリスト教の考えとは異なっていた．ローマのユスティニアヌス法典 (533) では先天性の聾唖者には権利も義務もないとされているが，声で話すことのできるろう者は私有財産を持つこと，結婚すること，遺言書を書くことが許されていた．

ろう者というマイノリティーの歴史は，ろう教育が始まるまでは記録がほとんどない．それ以前の伝説的な話には人権を認められていなかった苦難や虐待の歴史と，ろう者が神聖なものとされた歴史の両方が存在する．

初期のろう教育

ヨーロッパでは，ろう教育と呼べるものの記録がすでに 15 世紀から存在する．たとえば，ハイデルベルク大学の哲学の教授ルドルフ・アグリコラ (1433-85) は，ろう者に話し言葉と読み書きでコミュニケーションをとることを教えた．また実践の記録は残っていないもののイタリアのジロラモ・カルダーノ (1501-76) は，書字と観念とは音の介入なしに結びつけられる，つまり音声言語を文字だけで習得できると述べている．

ろう教育の父と呼ばれるスペインのペドロ・ポンセ・デ・レオン (1520-84) は，ベネディクト派のサンサルバドル修道院の修道士であった．当時のスペインは南アメリカ・中央アメリカから収奪してきた巨大な富が貴族に集中し，階層差がきわめて大きい社会であった．貴族の層には生まれつきのろう者もいたが，当時の法律では話すことができないろう者は私有財産が認められなかったため，貴族はろうの子どもを教育することに熱心であった．レオンがろう教育を始めたきっかけはガスパール・ブルゴスというろう者に修道士になるための告白ができるようにするためであったが，後に 4 人のろう児を教育することになる．生徒たちが話せるようになることが彼の目標であったが，読唇は教えなかった．そして生徒たちと書字および指文字でコミュニケーションをとった (図 5-1)．

レオンのろう教育は，同じスペインのファン・パブロ・ボネット (1579-1629) とエマヌエル・ラミレス・デ・カリオン (1579-1652) に引き継がれた．

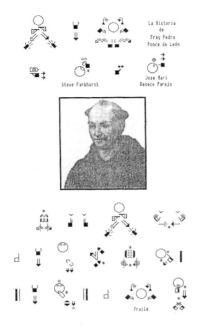

図 5-1 スペインのろう教育に使われている手話によるレオンの物語

　レオン自身の覚書は火災で焼失したが，ボネットは「文字の簡略化と聾唖に話すことを教える技術」を残しており，これは現存するろう教育最古の教科書と言われている．ボネットは書字・指文字で話しかけ，生徒には話し言葉で応答することを要求した．この時代のスペインの指文字はもとをたどれば修道院で沈黙の時間に使われた手話の一部として発達したものであるが，同時期の修道士メルヒオル・デ・イェブラ (1526-86) は「業苦を避けるための表現」(Refugium Informorum) の中で死にかけて話すことのできない人が最後の告解を行うための指文字として書き残している．その方式はろう者とのコミュニケーションにも使われていたという．この指文字がヨーロッパの指文字の源と考えられ (図 5-2)，ボネットの書いた現存する最古のろう教育の教科書の中にもある．

　これはアメリカにも渡り，また日本の 50 音を表す指文字にも取り入れられている．図 5-3 と図 5-4 を見比べると，日本の指文字の「あ」「い」「う」「え」「お」は，アメリカ式指文字の「A」「I」「U」「E」「O」から取

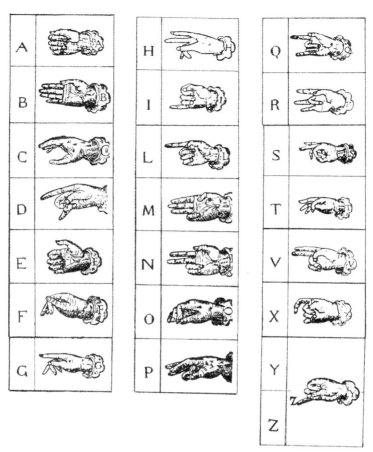

図 5-2　イェブラの修道士の指文字

り入れたものであり，「か」「さ」「は」「や」「ら」「わ」は「K」「S」「H」「Y」「R」「W」から取り入れたものであることがわかる．また図 5-2 と図 5-4 を見ると，「な」「ま」は古い「N」「M」と同じであることがわかる．

　指文字は音声言語の音を文字にして書くのと同じで，手話とは異質なものではあるが，手話が教育に使われるようになると手話の一部となる．ろう教育の始まりは，聴者がろう児を教えることから始まっているため，必ずまず指文字が使われたのである．また，ろう者はつねにマジョリティーの言語である音声言語に囲まれて生きているので，聴者とのコミュニケー

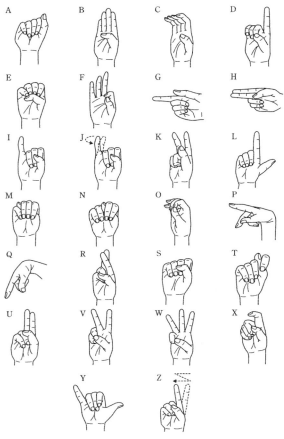

図 5-3　アメリカ式指文字

ションにも大変便利である．ひとたび指文字が教えられると，ろう者は手話の中にうまく取り入れ，外来語(借用語)として同化していく．ヨーロッパでは指文字の起源はろう教育よりも古く，沈黙の掟を守るための修道院の手話と共に見出すことができるが，いまではろう者の手話の一部である．ヨーロッパの指文字にはイギリス発祥のものもあり，これはイギリスの旧植民地に広まった．そのほかにスウェーデン発祥のものもあり，これはポルトガルに持ち込まれた．しかし，もっとも世界の広範囲に影響を与えたのはレオンからボネット，そして初めてろう学校というものをつくっ

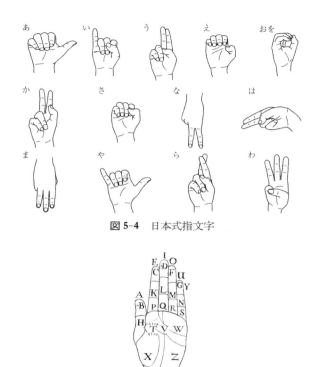

図 5-4 日本式指文字

図 5-5 ジョージ・ダルガーノの指文字

たアベ・ド・レペ (1712-89) に引き継がれ，ついにアメリカにも渡ったアメリカ式指文字と呼ばれるものである．

一方，スイス生まれのヨハン・コンラッド・アンマン (1669-1724) はオランダでろう者に話し言葉の発声と読唇を教えた．彼の方法は，後の「ドイツ法」あるいは「口話法」と呼ばれるものの基礎となった．

また，イギリスではビヴァリーの聖ジョンが 700 年頃にろう者を教えたという伝説が語り伝えられているが，記録に残っているものとしてはジョン・バルワー (1614-84) が書き残した，ろう者が手話を使うことを容認しながらも話すこと，書くこと，読唇を必要とする理論がある．

また教師であったジョージ・ダルガーノ (1626-87) は，左手の位置を文字に割り振って，右手で指すことによって文字を表す方法を書き残した（図 5-5）．彼はアルファベットの各文字が書かれている手袋を左手にはめ

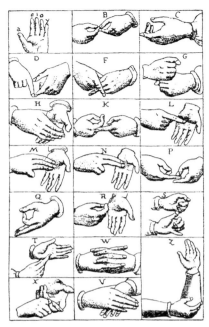

図 5-6　ジョン・ウォリスの両手式指文字

て，それを右手で指すことによって，文字を綴り，その位置を覚えれば手袋なしでも文字を綴れるようになるとした．ダルガーノのろう教育の特徴は，文法や発声の訓練ではなく，遊びを通して真に理解することを重視したことにある．古くはイギリスで7世紀の修道士ベネラブル・ビードが，指の位置が文字を表すと書いており，この頃すでに指文字が存在したと考えられる．これはもともとは聴者が秘密の合図として用いたものである．このシステムはジョン・ウォリス(1616-1703)の両手式指文字(図5-6)に残っており(主に母音を表す)，このウォリスの指文字は現在もイギリス式指文字(図5-7)に受け継がれている．

　ウォリスはオックスフォードの幾何学の教授であったが，貴族階級の二人のろう児を指導した．彼は書き言葉を重視し，生徒は英語とラテン語を読むことができたという．彼は書き言葉によるろう教育法の父と呼ばれたが，指文字と身振り語(手話)も重視した．一方，ウィリアム・ホルダー(1615-97)は牧師であり，校長であったが，貴族のろうの少年に発音を教え

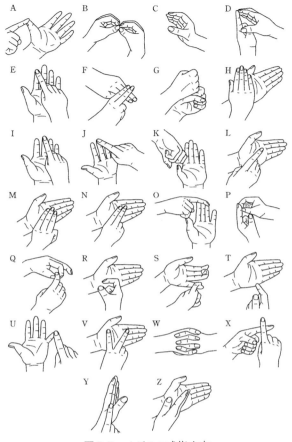

図 5-7　イギリス式指文字

たが効果が上がらず,その少年の母親はウォリスに指導を依頼し,ウォリスはよい成果を上げた.ウォリスは話し言葉の指導の誤りを指摘し,書き言葉の指導に十分な時間を費やすべきであるとした.そこでホルダーとウォリスとの間に論争が生まれた.つまりすでに17世紀からろう教育の中で,現代まで続いている視覚を重視するか音声を使わせるかの論争が起こっているのである.

　フランスで教育の方法がわかっている最初の例は,スペイン系ユダヤ人のヤコブ・ロドリゲス・ペレイラ (1715-80) がフランスで始めたろう教育

である．ペレイラ自身は自分の方法を秘密にしようとしたが，科学アカデミーの資料などから彼が身振りを使用し，前述のボネットの片手式アルファベットを修正したものを使い，かつ話し言葉の訓練を重視したことがわかる．また説明は「身振り語」(手話)で与えられ，読唇は教えられなかった．

ドイツではゲオルク・ラーフェル (1673-1740) が自身のろうの子どもに前述のアンマンの方法を使って発音，読み書き，そして読唇を教えた．彼の6人の子どものうち，3人の女子がろうであった．またオットー・ラシウス (18世紀，詳細不明) が親戚のろうの娘を指導した．彼は娘が使っていた手話を自ら学び，書くことを教えた．話すことも教えようとしたが，娘の両親がその声を不快だとしたので書かせることに集中した．またヨハン・ルドウィッヒ・フェルディナンド・アーノルディ (1737-83) は，ろうの少年をアンマンの方法とウォリスの方法で教えた．

これら初期のろう教育は，家庭教師のような個人レベルのレッスンであったが，使われたのはほとんど書字・手話・指文字・発話で，読唇はめったに教えられなかった．指文字はそもそも聴者が音声言語を手指記号にする意図で作ったものであり，ろう者が生み出す手話とは本質的に違う．しかし，ろう教育の目標の一つである読み書きを教えるには便利であり，初期のろう教育の中心的な手段であったであろう．聴者である教師がろう児に個人レッスンをする場合，そのろう児がすでに手話を持っているということは例外だっただろう．もしも，ろう者のコミュニティーと呼べるものがあって，そこで手話と呼べるものができていたとしても，聞こえる教師がそれを少し覚えて使うことはできても，手話を教育言語としたと言えるほどのものはほとんどない．

ろう学校の開設

これまで述べてきたように，18世紀には書字・手話・指文字を使ったろう教育が始まっていた．そんな中で前述のフランスのアベ・ド・レペ (1712-89) と，ドイツのザムエル・ハイニッケ (1729-90) がお互いのことを知らずに同時代にろう学校を始めた．

フランスのアベ・ド・レペ(アベは神父の意味)は手話教育に徹した人で

あり，いまではろう教育の祖と呼ばれている．彼についてはいろいろな語り伝えが残されている．ド・レペが伝道中に暖をとるために立ち寄った家にろうの姉妹がいて，そこでろう教育に身を捧げるインスピレーションを得たとか，財産はすべてろう学校に注ぎこみ，自分の部屋には暖房さえ入れなかったが40人の生徒たちの涙ながらの訴えによって，やっと暖房を入れたとか，いろいろエピソードがあるが必ずしも事実ではない．実際は彼が手話と出会ったのはパリの貧民地区であったし，彼はさほど貧窮してはいなかったらしい．しかし彼はろう者にとって伝説的英雄である．

　ド・レペは音声言語はろう者にとっては外国語であると感じていた．ろう者の第一言語である手話がろう児の指導に使われるべきと考え，書字・指文字とともに手話を使った．彼の方法は「フランス法」と呼ばれ，フランスのみならずイタリア，スイス，オランダ，スペイン，ドイツからも，ろう学校設立者が見学に訪れ，多くのろう学校で採用された．ド・レペの学校は，経済的に恵まれないろう児たちのための世界で最初のろう学校となった．そして国立の学校にするよう運動し，これは彼の死後2年たって実現した．

　しかし，ド・レペでさえも，ろう者が自然に生み出す手話を完全に理解していたわけではなく，手話は音声言語の中の重要な文法的要素を欠いていると思い，フランス語の文法を人工的に取り入れた方法論的手話 (signes methodiques) というものを使った．これはフランス語対応手話と呼んでもよいような手話である．聴者からみると手話の文法はなかなか理解できないのである．このような音声言語の文法を取り入れることが必要ないことを悟ったのは，ド・レペの後継者アベ・シカール (1742-1822) のもとで教師となったオーギュスト・ベビアン (1789-1838) であった．そして手話という視覚言語が独特の文法をもち，それが音声言語の文法と同等の機能を備えていることを言語学者が発見する20世紀半ばまで，さらに100年もの年月が必要だったのである．ベビアンは方法論的手話ではなく，ろう者の自然な手話を使うべきであるとしたこと，手話文法を記述しようとしたこと，教師もろう者であるべきと考えたこと，手話と音声言語の二言語使用を目的としたことなどの点で時代を先取りしていた．これらは21世紀の現在，ろう者がようやく勝ち得つつある権利である．とはいえ，日本を

始め多くの国で未だ実現されていない．

さて，ド・レペが手話をろう児の第一言語とすべきと考えたのに対し，ドイツのザムエル・ハイニッケは，音声言語の読唇や発音の訓練をし，音声言語を使えることを目標とする口話教育を主張し，手話を使うことは認めなかった．これは「ドイツ法」と呼ばれたそしてこのフランス法とドイツ法の対立は二人の間の書簡に残されている．ド・レペとハイニッケの論争には，後の手話教育主義と口話主義の対立がすでに現れている．ハイニッケは音声言語なしには子どもたちを知性の領域に導くことはできないと信じていた．彼らの論争は平行線に終わったが，結局手話を使うフランス法が多くの国に受け入れられ，18世紀終わりにはドイツでさえ，手話のほうが重視されるようになる．ド・レペの後継者シカールのろう学校のスタッフであり，ろう者であるローラン・クレールは，1816年にアメリカ人トーマス・ギャローデットとともにアメリカにろう学校を作った．かくしてフランス法はアメリカにも根付くことになる．このトーマス・ギャローデットのろう学校は，世界初のろう者のための総合大学ギャローデット大学の前身である．

口話主義教育の時代

19世紀には，手話による教育はろう教育の常識となりつつあるかに見えた．しかし，この後のナポレオンの敗退や普仏戦争を経て，ヨーロッパでドイツが優位を占めるようになり，フランス法はドイツ法に取って代わられるようになる．後者は「純粋口話法」と呼ばれるようになり，1880年の第二回目のろう教育国際会議がミラノで開かれた際（一回目は1878年にパリで開催された），口話主義者たちはろうの教育者たちを排除し，ろう教育は口話法によるべきであると宣言した．ここに手話は苦難の時代を迎える．

1880年のミラノのろう教育国際会議にアメリカから参加し，口話法の採用を宣言することに大きく貢献したのが，あの電話を発明したグレアム・ベルである．彼の母親も妻も聴覚障害者であったが，彼の父親は音声言語を話す訓練をする教師で，聴覚障害者も話すべきであると考えていた．グレアム・ベルは有名人であったので，その影響力は大きかった．彼

は聴者の世界では有名な発明家であるが，ろう者の間では忌まわしい人物とされているのである．なぜならこのミラノ会議は口話教育の始まりというだけでなく，手話「禁止」の時代の始まりでもあるからである．

　ろう教育が音声言語による教育に転換された背景には，国家は一つの言語によって統一されるべきとして少数言語に同化を迫る思想や，ヴィルヘルム・ヴントの民族心理学による，身振り言語を音声言語以前の原始的な言語とする言語起源論があった．手話は原始的な言語であり，音声言語より劣っているという前提に立てば，聴覚障害児に音声言語を使えるようにしてやることがよき教育であるということになり，社会的にハンディキャップを負わずに自立できるではないかという考えになる．他のマイノリティー言語の話者と違い，ろう者に聞こえないという「障害」（マジョリティーからみれば）があるために，また手話というものを「言語」と思えないために，大多数の聴者は音声言語を持たないことは異常であり，音声言語を持つことで正常になると信じて疑わなかった．そして，ろう者の多くもそう思い込まされてしまった．手話で話すろう者は言語的マイノリティーというだけでなく，身体的マイノリティーでもあるので二重の差別偏見を持たれるのである．

　さて，ろう教育が音声言語を教えることに重点を置くことはよいとしても，なぜ手話を禁止する必要があったのだろうか．まず手話はほとんどの聴者には通じないし，音声言語（日本では日本語）のほうが教育にも社会生活にも必須であるので，ろう者は音声言語を習得するべきである，という考えが間違っているわけではない．手話教育を肯定する人たちにとっても，音声言語の「読み書き」を習得させることがろう教育の目標の一つであることは言うまでもない．しかし，口話主義は読み書きだけではなく，発話を目で読み取り，聞こえていない音声を発音することをも目標としたのである．読唇の訓練は，音声言語を目で読み取るという物理的には不可能なことを繰り返し訓練してマスターさせようとするものであり，発語練習は自分ののどを触って振動を感じたり，口の中に教師が手を入れたりして，発音をマスターさせようとするものである．聴覚障害児はほとんど皆この労多くして実りの少ない訓練が好きではない．大変な苦労をしてもなかなか通じないのであるからついつい手話を使ってしまうのである．そこ

で教師は手話を禁止しなければならないと信じてしまったのである．実は手話を使うから口話が上手くならないのではないのである．むしろ手話ができたほうが，音声言語の習得に有利なのである（第1章1節参照）．

　口話主義の教師は，「手話を使うことを認めると，音声言語を使わないので音声言語の習得の妨げになる」「手話は音声言語と体系が全く違うので，手話を習得しても音声言語の習得に役立たない」「手話単語は図像的であり，抽象的な概念を表現できない」「手話は語彙が乏しく，また手話の文法は格変化や時制などが十分表現できないため，思考力を発達させる妨げとなる」「手話では知的な議論はできないし，高度な教育に使えない」等々と主張した．ここには手話を使うことが音声言語習得の妨げになるという誤解と，手話が原始的なものであるという手話自体に対する蔑視がある．多数者言語の教育において，母語に頼ると外国語を覚えないとか，少数言語は知的でないというようなことはよく言われる．これは典型的なマジョリティーの傲慢である．特に手話を禁止することは，聞こえない子どもに音声言語の情報しか与えない，つまり不十分な情報しか与えないということであり，また聞こえない子どもが完全な言語にはまったくさらされないで育つということでもある．

　また音声言語同士を比べるよりも，手話と音声言語を比べるほうが両者はいちじるしく違うように見えるであろう．しかし第1章でも述べたように，視覚記号であっても手話は人間の言語の特徴を備えており，それを習得することは音声言語習得による発達と何ら変わらないのである．手話でまず言語能力を発現させるということは音声言語習得の助けにこそなれ，妨げにはならないのである．しかし，手話を禁止した時代にはそれがわからなかったのである．このような口話主義者の考えが正しければ，彼らの教育はもっと成功したはずである．しかし，口話教育は予想通りの成果を上げなかったばかりか，ろう児の学力はむしろ低下したのである．こうしてろう者は自分たちの言語を禁止され，かつ人間らしい発達を妨げられるという二重の人権侵害に苦しむことになる．幸い親もろう者であるろう児は手話を母語とすることができるため，後者の危機からは免れた．また，そのような手話のできるろう児が周りにいれば，両親が聴者である聞こえない子どもたちも手話のできるろう児から手話を習うことができるため，

言語習得ができずに知的発達を妨げられるという状態からは免れてきた．

　日本でも 1878 年の京都盲唖学校の設立以来，手話を使った教育が行われ，ろう者である教師も輩出していた．しかし，1920 年代に欧米の口話法が普及し，ごく一部を除いて全国的にろう学校で手話が否定されることになる．1933 年，鳩山一郎文部大臣が「口はなしを指示する訓示」を発布してから，教育機関で手話は禁止されるようになり，手話を使う子どもには体罰が与えられることもあった．しかし，たとえ禁止されても，ろう児はろう学校の寮などでひそかに手話を使い続けてきた．それはろう者にとって手話がもっとも能率のよいコミュニケーション方法であり，もっとも自然なものだからである．聴者から生まれ，したがって親から手話を習うことができない多くのろう者にとって，ろう学校は手話を伝える場であり続けた．親もろう者である一部のろう者を除くと，手話という言語は親から子へと伝えられる言語ではなく，友人や先輩から受け継がれる言語なのである．

　ろう俳優で演出家・映画監督としても有名な米内山明宏（第 2 章 1 節，第 4 章 1 節参照）はろう学校時代の思い出を次のように語っている（米内山 2005）．自分はクラスの中で唯一親もろう者だったので手話が自由に話せた．ろう学校に入ったらろう者の友達ができるだろうと楽しみにしていたが，クラスの友人は皆親が聴者であるため手話がわからないので驚いた．しかしその友人たちも決して日本語の読唇ができるわけではなく，手話のほうがありがたいわけで，自分はクラスの友人たちに手話を教えていた．教えているのがばれると先生にしかられ，廊下に立たされた．いつでも立たされている子というので有名だった，と．しかし，手話で育ってこなかった友人たちと手話で話すことも結構気疲れすることだったという．自分の手話力に比べると，ずっと小さい子を相手に話しているようなものだったからだ．

　こうして手話の環境で育つことができなかった聞こえない子どもたちも，ろうの親を持つろう児から手話を学ぶのである．一方，授業では先生が音声言語で何を話しているかは実は子どもたちはわかっていないのだけれども，わかったふりをしている．どうせわからないのだから先生の言うことは適当にうなずいておけばいい，ということになるのだそうだ．ろう

学校というのは学ぶところではなく，口話の訓練を受ける場であった，と米内山は語る（同）．

2——バイリンガル・バイカルチュラル教育

手指言語の容認

　手話を禁止しても，音声言語を読唇し，発話できるようになったろう児はごく一部であり，ろう児の学力は全体としてむしろ低下した．そればかりか音声言語が習得できず，手話も知らない，完全な言語を一言語も持たない，いわゆるセミリンガルな聴覚障害者をも生み出した．その反省からアメリカでは，1960年代からトータル・コミュニケーション（TC）という教育法が採用されることになった．これは手指記号と口話を同時に行ったり，使える手段をすべて使って，とにかくコミュニケーションが取れればよいという教育法である．読唇，発話，手指記号，読み書きなどあらゆる手段を使おうというものであるが，本当の手話が使われたわけではなく，教育する側はマジョリティーすなわち英語話者なので，英語に手話単語をつけながら話すシムコム（simultaneous communication, Sim-Com）や，英語を指文字と手話単語に写し換えたものしか使われなかった．

　ここで考え出された英語を手指記号に置き換えたものをマニュアル・イングリッシュ（Sign Exact English, SEE 等）と呼ぶ．このような手話はろう者の中で自然に生まれた手話とは構造が違うのであるが，ろう者である教師がほとんどいないろう学校では，音声言語を手指を使って表した手指記号のほうが，教える者にとっては重宝なのである．このような音声言語対応の手話が教育機関において使われると，それと伝統的に使われてきたろう者の自然な手話とのピジンが生まれ，これがアメリカでは PSE（Pidgin Sign English）と呼ばれるようになった．音声言語を手指記号に写すことは非常に能率が悪く，自然な手話を話せる人が混じれば，その手話にマニュアル・イングリッシュはおのずと引かれていくのである．あるいは自然な手話を知らないろう者も音声言語を手指記号にした人工的手話を使わせると自然な手話に近づくという．音声言語を手指記号にそのまま写したもので

表現することは，自然な手話や音声言語の2倍の時間がかかるからである（第2章2節参照）．

　日本の教育機関ではトータル・コミュニケーションすらごく一部（栃木ろう学校，足立ろう学校）でしか採用されてこなかったが，1964年に京都で手話サークルが設立され，やがて全国に手話サークルができた．そして1970年には，当時の厚生省が手話奉仕員要請事業を開始したため，各地で地方自治体による手話講習会が開かれるようになった．しかし，この流れの中でも日本語を母語とするマジョリティーが日本手話から単語だけを借用し，構造的には音声日本語である手指記号を生み出していったために，アメリカのマニュアル・イングリッシュにあたる日本語対応手話や，それと日本手話のピジンとも言える中間手話が主流となっていくのである．

　口話主義教育の中で，幸運にも日本語を上手く習得し，聴者と同じ教育を受けることができて高学歴になった聴覚障害者には，日本語対応手話は便利なものである．なぜなら彼らは伝統的な自然言語としての手話を母語として習得するチャンスがなく，かといって音声言語である日本語も，読み書きはできても完全に読唇することなど不可能なのであるから，日本語を手指記号にしたものはありがたいのである．また日本語を習得した後，失聴した中途失聴者にも便利である．かくして日本語対応手話の地位は日本手話の地位を追い越してしまうことになる．

　アメリカでも，教育機関で音声言語をそのまま手指記号にしたものや，音声言語と自然な手話のピジンが使われるようになると，それらは自然な手話よりも知的レベルの高いものという偏見が生まれた．高学歴のろう者は音声言語の読み書きが上手く，教育機関で音声言語の影響の強い手話を使うということになれば，音声言語を手指記号に換えたものや，ピジンを使うことは高学歴者の証となる．かくしてろう者自身でさえ，自然な手話より音声言語とのピジンのほうが言語として高度で知的なものであるという偏見を持つようになる．つい最近までアメリカでは，両方使えてもPSEのほうを第一言語とする，あるいはそういうふりをするろう者が多かったという．

　日本でも，手話で教育を受けられる学校はなかったので，少なくとも読み書きだけでも音声日本語を使いこなせる人が高学歴になるため，事実上

高学歴の聴覚障害者はほとんど音声日本語を第一言語とする人ということになる．日本語を母語とする人には日本語を手指記号に置き換えた日本語対応手話のほうが，表現に多少時間がかかったり，あるいは口話と併用しないと伝わりにくいとしても，自然な日本手話よりは習得しやすいのである．いまでも聴覚障害を持つ大学生たちの中には，日本手話では知的な話が十分できないという誤解が根強く残っている．たとえば筆者が接してきた聴覚障害を持つ大学生の多くが「日本手話では語彙も足りないし，知的な議論ができない」と言う．それは日本手話が知的な場で使われることが少なかったためであり，日本手話から見ると外来語である日本語から知的語彙が入り，手話化して同化するというあたりまえのことがあまり起きなかっただけのことで，日本手話が知的議論に不向きであるとか，まして知的議論に耐えないなどということではない．

　社会においては，知的な語彙がマジョリティー言語によって生み出されることが多く，マイノリティー言語がそれを外来語として取り入れることになるのはやむを得ない．日本語とてコンピュータ用語を始め，英語から借用したカタカナ語であふれている．音声言語が多数言語である社会において，手話が音声言語の単語を外来語として取り入れることになるのは当然であり，音声言語主導で行政・科学技術・学問研究が進んでいるのだから，手話者はそれを音声言語で読み書きし，議論するときは手話に翻訳することになるのはしかたがない．そのチャンスが日本手話にはなかったので，一見日本語対応手話のほうが知的で便利に見えるのも無理からぬことである．しかし日本手話が音声言語の中で生み出された新しい語彙を取り入れることは可能であり，実際最近ではアメリカにおいてはアメリカ手話（ASL）で，日本では日本手話で学会の同時通訳が行われることも決してめずらしくない．

　音声を手指記号に置き換えたものが能率が悪いことは先ほども述べたが，トータル・コミュニケーションはそのような手話と音声言語を混ぜて使うのであるからさらに不自然で能率が悪い．1988年に全米ろう教育審議会はトータル・コミュニケーションは「受け入れがたいほど不十分である」と報告した．トータル・コミュニケーションの失敗の結果，アメリカでは1990年代からアメリカ手話と英語のバイリンガル教育を採用するこ

とになる.

またスウェーデンでは，1800年代末からろう教育は口話法に転換され，知的障害を持つろう児をはじめ，口話法で教育不能なものを教育するときのみ手話が使われた．そのため手話に対する偏見はますます強くなったが，ろうあ連盟がろう学校への手話導入を求めて闘い続け，ついに1981年，世界で一番早く手話が公用語の一つとして法的に認められた．スウェーデンではスウェーデン手話をろう者の第一言語とし，スウェーデン語をろう者にとっての第二言語とするバイリンガル教育のカリキュラムが1983年に作られた．

デンマークでは1991年，すべてのろう学校で手話を第一言語とし，デンマーク語を第二言語とするバイリンガル教育を行うことになった．中国でも1996年に手話のバイリンガル教育の実験授業が始まり，現在すべてのろう学校の教師は中国手話を習得することが不可欠とされており，実際にバイリンガル教育を行っているろう学校もある．

教育言語としての手話

さてトータル・コミュニケーションは，聞こえない子どもたちにとって十分な情報が与えられる方法ではなく，手話を禁止して読唇と発話だけでコミュニケーションをさせる口話主義よりは少しは効果があったが，満足な結果を生み出さなかった．ついにアメリカ政府は委員会報告書で，「バイリンガル教育法」に基づいて母語がアメリカ手話で，英語の運用力が限定されている子どもたちに対する教育の質の向上を図るべきであるとの勧告をした．もともと「バイリンガル教育法」は，移民など英語を母語としない子どもたちのために，その子どもたちの母語を尊重しながら，英語も習得させるというものである．

母語で教育を受けられる子どものほうが，そうでない子どもより認知能力が高く，学習の能率もよいことは当然のように思われる．しかし，多くのろう児の場合，親の母語が音声言語であるために，手話が母語として習得されるわけではない．つまり母語すら獲得できないまま教育を受けることになるのである．一方，ろう児のうち約10％の親もろうである子どもは認知能力の発達がよい．しかし，このことには注目されてこなかった．

ろう者の約10％，すなわちマイノリティーの中のマイノリティーなので，数が少ないからということもあったであろうし，能力というものが音声言語で行われる教育の学習成果で測られるからということもあったであろう．ろう児にとって教育言語が音声言語であるということは，ほとんど教育を受けられないこととも言えるのである．したがって親もろうで認知能力が発達していても，そのような教育制度の中で測られる学力は必ずしも高くないのである．何より口話主義教育が正しいという前提の中では，手話を母語とするろう児というごく少数の子どもがたまたま認知能力が高くても，例外として無視するしかなかったのである．

日本では，一部のろう学校でトータル・コミュニケーション法が採用されたが，現在もなおほとんどのろう学校で口話法教育が行われている．1993年の「聴覚障害児のコミュニケーション手段に関する調査研究協力者会議報告」はようやく手話を多様なコミュニケーション手段の一つと位置づけたが，いまだ日本政府は日本手話を法的に言語として認めてはいない．アメリカなどの影響もあって，多くのろう者が手話を中心とするろう文化のアイデンティティーに目覚める中で，ついに2003年に，全国のろう児とその親107名が日本弁護士連合会に「ろう児の人権救済申し立て」を行った．そして日弁連は2005年4月「手話教育の充実を求める意見書」を文部科学省に提出した．この意見書ではろう児が手話による教育を受けることは，教育を受ける権利・学習権（憲法26条），教育の機会均等・平等権（憲法14条），言語選択権・幸福追求権（憲法13条）などの人権であると主張している．さらに手話の言語性の保障（法的認知等），ろう教育の専門性の向上（手話のできる教員の養成，教材の充実等），乳幼児教育への手話の導入や家族に対する手話教育支援，ろう学校のみならず普通校に通う聴覚障害を持つ子どもへの手話環境の提供等を提言している．この「手話教育の充実を求める意見書」は手話を含めた教育を受けることを選択する自由を求めているだけで，聴覚口話法を否定するものではない．

日本では少数言語としての手話の認知が遅れており，ろう教育も欧米の先進国に追いついていない．しかし，民間レベルでは1990年代に手話教育を実践するフリースクールが設立され始め，成果を上げつつあるし，国語の教科書を手話を使って説明するビデオ教材や，ろう児にろう者の歴史

を教えるためのビデオ教材が作られるようになってきた．日本の文部科学省は日本語を教育言語とする学校しか学校法人として認めていないが，ろう学校の現場では手話教育に興味を示し始め，手話と口話法を併用しているところもある．2007年1月には，東京都が手話を第一言語とし，日本語の読み書きを第二言語とするバイリンガルろう教育を行う教育特区の申請を決定した．そして3月，バイリンガル・バイカルチュラルろう教育を行っているフリースクール龍の子学園を運営しているNPOバイリンガル・バイカルチュラルろう教育センターが，手話を第一言語とする学校法人を設立することが国に認められた（第2章1節参照）．

発展途上国には，まだろう者の大半が読み書き能力を持たないというような国があることも確かである．しかし第3章で述べたように，ろう者は国際的つながりを作りやすいため，お互いの援助もあり少しずつ途上国でもろう教育の導入・改善が進みつつある．

バイリンガル・バイカルチュラル教育の誕生

これまで述べてきたような経緯で，ろう者によって生み出された自然な手話を第一言語として習得することが，ろう児が教育を受ける上でもっとも有利であることが先進国で認められるようになった．ろう者はつねに聞こえるマジョリティーの中で生きていく運命であり，特に現代社会においては音声言語を文字にしたものを読み書きできなければ自立して生きていくことは困難である．手話を第一言語とするとしても，ろう者は音声言語の読み書きを使って生きていかねばならず，その意味で手話を第一言語とするならば，バイリンガルになることが宿命づけられている．

北米と北欧諸国では，1980年代から手話を第一言語とし，読み書きを重視した音声言語を第二言語とするバイリンガル教育が行われるようになった．そして次第に，手話だけでなくろう文化を教えようとするようになり，これは「バイリンガル・バイカルチュラル教育（BB教育，バイバイ教育）」と呼ばれている．先に述べたように，手話を教育言語とする考え方はすでに15世紀からあったわけで，むしろ私たちは手話への偏見や抑圧を経て，いまやっと18世紀のド・レペやベビアンの主張したことに立ち返ったとも言える．ただ，現在の手話を第一言語とするバイリンガ

ル・バイカルチュラル教育は，バイカルチュラル，つまり二文化教育であるところが，昔の手話による教育とは違っているところである．つまり，ろう者は手話を中心としたろう文化を持つ集団であると認めて，それを尊重しながら教育するというのが，北米・北欧で行われているろう教育の特徴である．

　このことは，ただ彼らの文化を認めるという意味を持つだけでなく，教育的に重要なのである．たとえば，学校でいままで使われてきた教科書を手話に翻訳するだけで，手話によるよい教育ができたと言えるかを考えて見ればわかる．いままでの教科書には聞こえることを前提とした記述がたくさんあるであろう．それはろう児にとっては異文化理解であって，自分の世界，視覚中心の文化について，自覚することには必ずしもつながらない．アメリカで使われている教科書を日本語に翻訳したものだけを使って，日本人の子どもを教育するなどということを望ましいとは誰も思わないであろう．それと同じである．旧植民地などではそのようなこともあったであろう．子どものころ使った歴史の教科書はイギリスで使われているものと同じだった，と年配のオーストラリア人から聞いたことがある．彼女の歴史の教科書はアングロ・サクソン人が大陸からブリテン島にはいってくるところから始まり，アボリジニは出てこなかったため，なぜ自分のまわりに白人でない人もいるのか，大人になるまで知らなかったと言っていた．

　ろう児も聴者の文化に基づいた教科書だけで勉強するならば，自分たちのことはわからない．さらに問題なのは，自分たちの存在が無視されていることにより，劣等感を持つようになることである．親も先生も聴者である環境で育つ子どもの中には，大人のろう者やろう文化に接するチャンスがないまま大きくなったので，自分は大人になったら聴者になるか，あるいは大人になる前に死ぬのだと思っていたという人もいる．図5-1に示したスペインのろう教育の教材も，ペドロ・ポンセ・デ・レオンというろう教育のパイオニアについて学ばせることに意味があるのである．ちなみに先ほど触れたように，日本でも民間レベルでは，日本のろう者の歴史のビデオ教材を作り始めている．

　ここでバイリンガル・バイカルチュラル教育の最先進国であるスウェー

図 5-8　スウェーデンの教科書の挿絵

デンの教科書を紹介しよう（鳥越，クリスターセン 2003）．スウェーデンでは，1983 年からろう学校で第一言語として手話を教え，スウェーデン語については第二言語として読み書きを重視して教えている．彼らの教育法は「スウェーデン・モデル」と呼ばれる．その中で生まれた代表的な教材に『アダムスブック』という教科書とビデオがある．これらは著者のグニラ・クリスターセンを始め，ビデオの出演者や撮影スタッフまでもろう者を集めて制作されたもので，挿絵も手話のできる人が描いている．アダムはろう児の名前であり，アダムの家族は全員ろう者である．このアダム一家とアダムの友達のストーリーが『アダムスブック』の中で展開していく．教科書にはスウェーデン語で話が書いてあり，挿絵には手話がたくさん出てくる．たとえば図 5-8(a) では，お母さんが手話で静かにしなさいと言っているところが描かれている．また (b) の医者に行くシーンでは，お母さんが手話通訳を連れているところが描かれている．また補聴器を犬に取られてしまう話などもある．

　実際の授業では，まずビデオで手話を使うろう者の登場する話を見る．

次にそれについて手話で話し合い，その話をろう児が自ら手話で伝える練習をし，その後スウェーデン語の入った教科書を見るのである．そして教科書の中に知っているスウェーデン語の単語があるかどうか拾っていき，次にその文章を読んで解釈し，また手話に翻訳する，というふうに授業は進められる．このようなスウェーデン手話と，スウェーデン語の授業のほかに，算数，社会，理科，体育などの科目や手話詩や手話ドラマもカリキュラムに取り入れられている．

このようなバイリンガル・バイカルチュラル教育の前提として必要なことに，学校自体の手話環境と就学以前からの家庭などの手話環境の整備がある．スウェーデンでは聴覚障害児が生まれると，両親を心理士が支え，ろう教育の専門家が情報提供をする．両親が仕事を休んで手話教室に通う場合には，所得の保障まであり，ろう児はろう児のための保育所に通うこともできるという．

手話を法的・社会的・教育的に認めているスウェーデンでは，大学に手話を研究する教授の定員を設けることも法的に定められている．ろう者の二言語使用を保障しているスウェーデンで残された問題は，スウェーデン語を外国語とする移民を親とするろう児の問題と人工内耳の台頭である．前者についてはアメリカでも同じ問題があり，本国の手話と移ってきた国の手話のどちらを教えるかという点や，親が聴者である場合，親の言語と学校で使う言語(書記言語)が違うという難しさがある．後者の人工内耳については，一部のろう者の反対はあるものの，ろう学校では人工内耳を装用した子どもを受け入れつつある．しかし，ろう者団体は，ろう教育や手話についての情報を得られないままの状況で，人工内耳を選ぶ親が増えていることを嘆いている．現在，スウェーデンのみならず，先進国のろう者たちはこの新たなテクノロジーの台頭に直面している．

3——人工内耳の出現と手話の存続

少数言語の存続

少数言語は絶滅の危機に瀕することもある．21世紀のうちに，現存す

る約7000の言語の20〜50%が消滅するとも言われている．しかし，ろう者はたいていどこでも0.3%は存在するし，ろう者にとって音声言語より視覚言語のほうが圧倒的に使いやすいので，手話が発生するのであり，それが使用されるろう者のコミュニティーがある限り，たとえ教育機関で禁止されても手話は消えることがなかった．これが他の少数言語と決定的に違うところである．

　バイリンガル・バイカルチュラル教育を受けても，ろう者は聞こえない以上，ろう者である．ろう文化は，たんに手話を話す人の文化であるだけでなく，音のない世界に生きる人，視覚を最重視する人の文化であるからであり，これも他のマイノリティー文化よりろう文化の存続を有利にする点である．聴者の場合は，AというマイノリティーはBというマジョリティーの言語文化の中で育ち，バイリンガル・バイカルチュラルになるとBに重きをおいたアイデンティティーを持つようになり，Aは消えてしまう可能性もある．しかし，ろう者はバイリンガル・バイカルチュラル教育によって，完全なバイリンガルになるわけではないのである．ろう者にとってのバイリンガルとは，手話と音声言語の一面（読み書き）の二言語使用にすぎないのであり，あくまで第一言語は手話である．

　しかし，もしも聞こえない子どもがみな人工内耳を埋め込む手術を受けたら，手話は，そしてろう文化は存続するであろうか．

人工内耳

　人工内耳とは内耳に電極を挿入し，音を電気信号に変換して聴覚神経に伝える人工臓器とも言えるものである．耳の裏側を切開して，頭蓋骨にインプラントと呼ばれるコンピューターチップを取り付けて，その端から伸びている細いケーブルの先端部（電極アレイ）を蝸牛の中に挿入する．インプラントには磁石が内蔵されているので，ヘッドピースという磁石の入った小さな器具を頭の外側からインプラントにつけることができる．ヘッドピースは使用者が携帯するサウンドプロセッサーというトランジスタラジオ型（または耳にかける補聴器型）の機械につながっており，これが音を電気刺激に変えて内耳の電極に送り込むのである．それを脳は音と感じるのである．

科学ライターとして活躍するユダヤ系アメリカ人マイケル・コロストは『サイボーグとして生きる』(原題 Rebuilt, 2005) の中で，自ら人工内耳を持つ身となった体験を書いている．そこには人工内耳により，「サイボーグ」となった自分が人間性をとりもどすまでの様子が描かれている．彼はもともと難聴で，4歳まで言語をほとんど持たなかった．36歳で完全に聞こえなくなったので人工内耳を埋める手術をするのであるが，決断するまでに自分がヘッドピースを頭につけた姿を想像して，知らない人が見たら不思議に思うだろうし，内心ぎょっとするだろうと心配する．そして自分の頭蓋骨の中に埋め込まれる2.5センチ四方，厚さ約2センチのインプラントを手の上に乗せてみて，硬くて重いのにびっくりする．科学ライターらしく，彼は手術後，別の患者の頭蓋骨に穴があけられ，インプラントが埋め込まれる様子を見せてもらう．そしてインプラントに信号を送るソフトウエアがインストールされたノートパソコンが手術室に持ち込まれ，そこから聴覚士が患者の頭の中の電極に電気インパルスを送り，反応するかどうかを確かめるプロセスも観察するのである．

　人工内耳というのは入れてしまえばすぐ音が聞こえるわけではなく，手術後3週間ほど経って，患者の傷が癒えてから，聴覚士がプロセッサーをパソコンにつないで調整するマッピング(音入れ)という作業を経て，初めて音が聞こえるのである．その後も調整と訓練は何度も繰り返される．サウンドプロセッサーの中にはソフトウエアがインストールされているが，これはときどきアップグレードされる．そのようなわけで，コロストは自分をサイボーグと呼ぶ．「ある人物に関してサイボーグという言葉を使うからには，その人は，以前は存在しなかった新たな関係をテクノロジーとの間に構築している必要がある．体内の神経終末を電極で刺激し，知覚をコンピューター制御するというのは，間違いなく，従来にない最新の技術である．ガラスや携帯電話にはこんなことはできない．ペースメーカーや人工股関節でも無理だ．しかし，人工内耳システムは，まさしくそうした働きをする」(同前)というのである．

　こんなにしてまでも，人は音を聞こうとする．それはなぜか．人と話をしたいからである．人工内耳で物理的な音が聞こえるようになっても，人のことばを完全に正確に聞き取れるようになる人はむしろ少ない．コロス

トは3年経って，やっと映画の音声が聞こえるまでになる過程で，人のことばが聞こえないことに何度も苛立ちを感じるのである．

　音声の聞こえ方の問題だけでなく，携帯電話に雑音が入ることがあったり，MRI検査は受けられないなどの支障があるし，手術によって顔面麻痺や味覚障害などの後遺症に苦しむ人もいる．それでも人工内耳を埋め込む人の数は世界的に急増している．さらなる医学の進歩につれて，さまざまな問題はやがて解決される日が来るであろう（細胞移植による内耳再生などという新しい医療も研究され始めている）．そのとき手話はどうなるのだろうか．人工内耳などの医療は，コロストのように音声言語をいったん獲得してから失聴した人にとっては母語を「取り戻す」という当然望まれることを実現するための手段であり，このような医療の改善を止めることはできない．

　スウェーデンのろう学校が人工内耳を埋め込んだ子どもを受け入れていることは紹介したが，これはいまのところ人工内耳を埋め込んでも，必ずしも音声言語が使えるようになるとは限らないことや，少なくともすぐに音声言語が使えるようにはならないことから，子どもの大切な発達の段階で言語を持たないという深刻な事態を避けるために手話が必要だからである．その他フランスでも人工内耳の不確実性に鑑み，手話の学習を並行させることを勧告している．しかし，これは真の意味で聞こえない子どもを手話者として育てるということとは違う．聴力や音声言語を発する能力が安定した場合，親が聴者であれば，その子にとって手話は第一言語であり続ける可能性は低い．まして技術が進めば並行して手話を習得させる必要もなくなるかもしれないのである．

ろう者の選択，聴者の選択

　『音のない世界で (*Sound and Fury*)』というアメリカのテレビのドキュメント作品がある．これはパブリック・ポリシー・プロダクションズ&アロンソン・フィルム・アソシエイツが1999年に制作したもので，20ヵ国で放送された．世界の教育的番組の中から優秀なものが選ばれる「日本賞」で，教育的番組が満たすべき基準をすべて満たしているとして2001年の第28回グランプリを受賞した作品である．アカデミー賞ドキュメント部

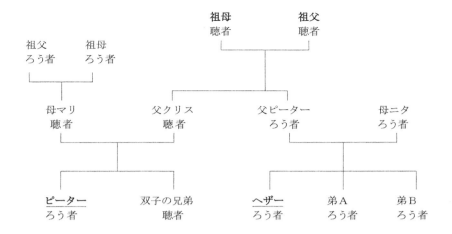

図 5-9 『音のない世界で』登場人物

門にもノミネートされている．このドキュメントには，人工内耳という新たな選択肢を持つ世代のろう児とその両親・祖父母の心理や主張がよく表れている．ろう児を持つピーターとニタというろう者の夫婦と，やはりろう児を持つピーターの弟クリスと妻マリの人工内耳をめぐる心の葛藤が描かれる．ろう者と聴者の心理が克明に表れているので，長くなるがその内容を紹介しよう．まず登場人物の関係を図 5-9 に示す．

　ニューヨーク州に住むヘザーという女の子は5歳で，生まれたときから聞こえない．ヘザーと父ピーター，母ニタそして2人の兄弟の5人すべてろう者である．しかし祖母(ピーターの母)は聴者であり，孫のヘザーに人工内耳の手術を受けさせたいと思っている．ヘザーは祖母の影響で聞こえるようになりたいと言い出す．ヘザーは，すでに非常に手話が流暢であるが，「普通の人は手話を使わないから」自分も声でしゃべれるようになりたいと言う．そして聞こえる人，聞こえない人両方と話をしたいのだとい

う．両親のピーターとニタはショックを受ける．彼らは音のない世界で暮らすことに喜びを感じてきた．父ピーターは子どもの頃に聴者の中で孤独な思いをしたが，手話に出会って世界が変わったという．いまではろうの世界と手話に誇りを持っている．人工内耳については「頭骸骨に穴を開けてロボットを作るのか」と憤りを隠せない．彼はまたヘザーがろう者でも聴者でもなくなってしまうのではないかと心配する．ヘザーが耳の聞こえる人と接していて何かわからないことがあっても，聞こえない自分たちには何も教えられないということも心配の種である．

　ヘザーの母ニタは小さい頃，自分だけ聞こえなかったために感じた疎外感を思い出して，ヘザーも周りの子どもたちが聴者であるからそのようなことを考えるのだろうと理解する．そして人工内耳に興味を持ち，まず自分が先に実験台になり，人工内耳を埋める手術を受けて聴者の世界に入ってみようと思う．しかし，小さい頃から聞こえなかったろう者が大人になってから人工内耳を埋め込んでもあまり効果がなく，手術をしても音声言語が使えるようになる確率はきわめて低いことがわかり，断念する．

　ピーターの弟クリスとその妻マリの子どもは双子で，その双子の赤ちゃんの1人，ピーター（叔父と同じ名前）が聴覚障害を持つことがわかった．父クリスの兄ピーターはろう者であるし，実は母マリの両親もろう者であるが，2人とも息子ピーターが聞こえないとわかると嘆き悲しむのである．彼らは子どもに人工内耳の手術を受けさせたいと思う．マリは両親がろう者であるため第一言語は手話であった．子どもの頃，英語を話せるようになるのに苦労したし，皆にばかにされたという．親のために通訳もしなければならなかった．自分の子どもは聴者にしたいと思う．ところがマリの母親はまだ判断能力のない赤ちゃんである孫に人工内耳の手術を受けさせることは，「親の勝手な押し付けだ」と怒る．マリの父親も「ろう者の世界では軽蔑されるぞ」と反対する．彼らは耳の聞こえない孫が生まれたことは神の恵みであったとまでいう．マリは両親に言う，あなたたちは小さい頃から聞こえないことで苦労してきたのではないか，私はその苦労を自分の子どもにはさせたくないのだ，と．

　ヘザーと両親は人工内耳を入れた子どもたちの訓練センターを見学したり，すでに人工内耳を入れた子どもやその親から話を聞くことにする．セ

ンターの子どもたちが手話やろう文化をまったく知らないことに母親ニタはショックを受ける．人工内耳を埋め込んでもヘザーには少なくともろう者と聴者双方の文化を持つようになってほしいと思っていたニタは，少しずつ不安になり，それとともに自分のろう者としてのアイデンティティーを再認識するようになる．

　次に手話通訳者を伴って，人工内耳の手術に成功した5歳のシェルビーの家を訪れる．シェルビーの両親は聴者であり，シェルビーは手話というものを見て不思議そうである．ニタはシェルビーの母に，シェルビーが手術を受ける前にろう者の歴史や手話について調べたことはないのか，ろう文化にまったく関心はないのか，と質問する．それに答えるシェルビーの両親は，明らかにろう者であるヘザーの両親に気を遣っているのが見てとれる．つまり，ろう者を実は見下しているのである．ろう者の歴史などまったく眼中になさそうであるが，そうは言わず，「耳が聞こえたほうが娘の選択肢が増えるし，制約のない人生を送れる．外科医だって手話をしながら手術はできないだろう」と答える．シェルビーは自分を聴者だと思っているのか，ろう者だと思っているのか，というニタの問いに対し両親は迷わず「聴者だ」と答える．シェルビーはろう者の生活はまったく知らないのである．手話を使うと音声言語が発達しないことがあると指導され，シェルビーに手話は使わせなかったということも聞かされる．「ろう者の文化は大切だとは思うけど，でもそこにヘザーを閉じ込める必要はないんじゃない？」とシェルビーの母はおそるおそる言う．

　このあたりからニタはろう文化や手話へのアイデンティテーを強く意識するようになり，とうとう自分の子どもに人工内耳を埋めることに決めたマリと喧嘩になる．「せっかくろう者に生まれたのに，そのことを知らず，聞こえるようになって，自分は聴者だと思って生きていくなんて」とニタは怒りを顕わにする．それに対しマリは，「なぜろうであることにこだわるのか．手話は美しい言語だけれども，ほかにも美しいものはある．音楽とか雨の音．私はあなたの持っていない音というものを知っているのよ」と言う．ニタは，「音なんか私たちには関係ない．雨は触れたり味わうことができる．あなたは自分の両親を見下しているのね」と言い返す．マリはろう学校はレベルが低いからよい教育を受けられないし，聞こえない子

はなりたいものになれない，と言い放つ．

ニタは，よい教育を受けさせることができれば人工内耳は必要ない，という結論に達し，ヘザーに言う．「あなたはろう者の文化がわかり始めたところだから，いまは人工内耳をつけることはよくない」と．ヘザーも納得する．

しかしヘザーの祖母（ピーターの母）は激怒する．なぜ子どもにとって最良のことをしないのか，と．彼女は息子に言う．「子どもの頃にばかにされ，苦労したのを忘れたのか．あのときの親としての苦しみをあなたはわかっていない」と．ピーターは自分がウォール街で証券会社に勤めており，成功しているではないかというが，聴者である母は「お前が赤ちゃんのとき，いまのように人工内耳があれば，手術を受けさせていたわ」と息子を責める．

一方，ろう学校の収穫祭のシーンでは，皆が手話で話しており，マリが自分の子どもに人工内耳の手術を受けさせることを手話で知らせると，皆から「親のエゴだ」と総攻撃を受ける．ろう者たちは「このままではろう者は皆，頭に機械を埋め込んだロボットになる」「人工内耳をつけたろう者はろう者の世界を捨てる．だから人工内耳はろう文化を破壊する」と嘆く．

結局，双子の赤ちゃんの1人であるピーターは人工内耳の手術を受け，ヘザーとその家族は聴覚障害者が多く住んでいて，レベルの高いろう学校のあるメリーランド州のフレデリックに引っ越すことにする．手話で教育を行っているろう学校を見学に行ったヘザーはとても楽しそうにすぐに皆と友達になる．そのいきいきした姿はセンターの聞こえる子どもたちの中でとまどった表情のヘザーとは別人のようである．

ピーターとクリスの両親は孫のピーターの手術が成功したと聞いて喜び，マリの両親は「この子は私たちをばかにするようになるだろう」と泣く．頭に包帯をまいて意識のない手術後の赤ちゃんの姿は痛々しく，母親のマリは思わず涙を流す．1ヵ月後，ピーターの人工内耳に電源が入り，ピーターは初めて音に反応する．マリとクリスは感動する．赤ちゃんの耳元でマリは感動をもって呼びかける「私がママよ」と．

このドキュメントには，少数言語者としてのろう者の立場や心理がよく

表れている．またマジョリティーである聴者のろう者への本音も顕わになる．ろう者にとっては音のない世界に生きることも，手話で話すことも大事なアイデンティティーなのである．しかしマジョリティーのほうは，少数者であるろう者の文化や言語は眼中になく，聞こえないことを障害としか見ていない．シェルビーの母のことばや表情にはろう者を蔑んでいるが，そのことを悟られまいとする気持ちが表れている．もしもろう文化を文化として認めているならば，「ろう文化なんか知らない．だって私たちはろう者ではないから．娘には私たちと同じ文化，同じ言語を持ってほしい」と答えたであろう．そうすればヘザーの両親も納得したであろう．しかしシェルビーの両親にはろうを文化であるとか，手話をろう者の言語であり，アイデンティティーであるなどとは思いもよらない．ここにマジョリティーとマイノリティーの違いがはっきりと表れている．

　マジョリティーはマイノリティーとの関係を無意識に上下で見ているのである．シェルビーの両親は自分の子どもを自分たちの文化・言語で育てたいのと同じように，ヘザーの両親がヘザーを親と同じ文化・言語で育てたいのだということについに気づかない．これはろう者だけに限ったことではない．たとえばオーストラリアでは，アボリジニの子どもたちは白人と同じ言語・文化で育ったほうが幸せに違いないと白人が信じて，アボリジニの子どもを親からとりあげて白人の手で育てた歴史がある．

　さらに興味深いのは，ろう文化の中に生まれ，手話で育ったマリの心理である．自分にとって手話が母語であるにもかかわらず，聴者としてのアイデンティティーを持っているのである．ろう者が社会で不利益を受けていることを目の当たりにしているので，わが子は社会で有利な聴者であってほしいと願う．それだけではない．自分自身が聴者であるので聞こえない世界というものを完全にはわからないし，ろう文化が絶滅することに危機感は感じないのである．ろう者にとっては手話という言語だけではなく，聞こえないことにまつわるさまざまな文化がアイデンティティーなのである．ろう者は子どもが聞こえるようになれば，どんなに手話を教えても，ろう文化で育てても，本当のろう者ではなくなるということをわかっているのである．そして子どもが聞こえるようになれば，社会において有利な聴者として生きていくに決まっている，そのことを知っているのであ

る．そしてピーターとニタは娘ヘザーをろう者に不利益のないろう社会で育てようと決意し，引っ越して行くのである．

　バイリンガル・バイカルチュラル教育を受けても，ろう者は聞こえない以上ろう者であるのと同じように，聴者はろう文化の中で育ち，バイリンガル・バイカルチュラルに育っても，聴者であることに変わりはない．聞こえる子どもが，ろう文化と聴者文化にさらされれば，ろう文化よりも聴者文化を多く身につけるのである．

　子どもたちがバイリンガル・バイカルチュラルになるとき，どちらかがマジョリティー言語である場合，マイノリティーの言語・文化のほうをやがて消滅させる危険性があるが，手話やろう文化は有利な要素を持つことは先ほども述べた．しかし，それはろう者が聞こえない場合に限られるのであって，聞こえてしまったらそうはいかないのである．聞こえることにともなう聴者文化の特徴を身につけるのである．それはCODAであるマリが聴者の主張をするところによく表れている．

　人工内耳の手術を受ける子どもというのは，数の上ではシェルビーのような境遇の子どもが圧倒的に多い．ピーターとニタ，クリスとマリのようにろう文化を知っている親より，シェルビーの親のように手話もろう文化も知らない親のほうがはるかに多いのである．この聴者というマジョリティーがろう者を少数言語者とは見なさず，障害者としてしか見ない限り，聞こえないことは治療の対象であり，人工内耳を子どもに埋め込むことは当然の権利ということになる．将来，「もしも子どもに人工内耳手術を受けさせないことを選択するなら，それは聞こえない子どもが聞こえるようになるという当然の権利を奪うことであり，許されないことである」などということになりかねない．これは深刻な問題である．なぜならば，この「当然の権利」というのが聴者の視点に立って決めたものだからである．言語的なマジョリティーとマイノリティーの関係から考えると，この主張はマジョリティーの立場からマイノリティーの運命を決定していることになる．

　もちろん聴者である親がろう文化や手話という選択を含め，すべての情報を提供されたうえで人工内耳を選ぶならば，それも当然の権利である．親が子どもに自分と同じ言語・文化を持ってほしいと考えるのは当然だか

らである．であるならば，ろう者が子どもを手話とろう文化を持つ人に育てたいと考える権利もある．

　インターネットで日本の人工内耳装用者のコミュニティーを見ると，「ろう文化」や「手話文化」についての記述はほとんど存在しない．彼らは，自分が，あるいは人工内耳をつけている自分の子どもが，他者とどの程度コミュニケーションがとれるか，何度機械を壊したか，失くしたかなどについて，お互いに悩みを相談し合っているのである．ろう者が母語である手話を大切にするように，彼らも母語である日本語を大切に思っていることに変わりはない．

　一方，ろう者のコミュニティーでは「人工内耳」という書き込みはほとんど見当たらない．「手話大好き」というような手話への思いを表現したものが多い．しかし D-PRO というろう者のグループは，2001 年に人工内耳についての擬似ディベートを行った記録をインターネットで公開している．ここではろう者たちが，賛成グループ3名と反対グループ3名に分かれてディベートを行ったのであるが，賛成グループも実は個人的には人工内耳反対の人たちであり，ディベートが終わって，賛成派の気持ちになって話すことは苦しかったと語っている．反対派からは「400万円もかかる手術に保険を適用することは，国家として，ろう者をなくそうという優性思想の現れであり，社会的暴力である」との意見も出されている．

　人工内耳を入れる人の中で，ドキュメント『音のない世界で』に描かれたような，ろう者と聴者が共存する環境の中で決定する人はむしろ珍しい．特に日本では，ろうコミュニティーの存在はあまり知られていないため，インターネット上のコミュニティーに見るように，人工内耳を選択する人は安全性や効果の点で迷うことはあっても，ろう者として生きるか，聴者として生きるか，という選択に迫られることはあまりないのである．

人工内耳とろうコミュニティー

　一般的に少数言語は，その使用者の姿勢やその社会の政策次第で，容易に消えていくものである．しかし，手話という少数言語は，聞こえない人たちが音声言語を持つ人と決定的に認知の違う世界に住んでいるために，他の少数言語とは異質である．このことが手話という視覚言語の存続を

守ってきた．また共通の認知的世界を基盤とした国際的なろう文化と考えられるものが存在し，国際手話が一つの言語として完全な共通手話となる可能性もある．つまり，それぞれの国でマイノリティーであっても，ろう者が国際的に連帯すると決してマイノリティーとは呼べなくなる可能性があるのである．

　しかし，この認知的特徴を持つ人々が存在しなくなったら，手話はどうなるのだろうか．もちろん手話という言語は聞こえる人にも使える．CODA のように聞こえていても手話を母語とする人たちもいる．しかし『音のない世界で』の中で，CODA のマリが迷わず子どもに人工内耳の手術を受けさせるように，手話と音声言語のバイリンガルであっても，聞こえる人ならば，聴者の世界を否定することはまずないのである．

　前述のマイケル・コロストは，もともと難聴で，子どもの頃に英語という言語を習得するだけでも，両親や自分には並々ならぬ苦労があったし，コミュニケーションがうまくとれないことはずっと人生の中でハンディキャップとなってきたという．彼は，音が少ししか聞こえない乳児期，補聴器を使ってなんとかことばを覚えた幼児期，コミュニケーションが不十分なため他者との関わりに困難を抱える思春期を過ごし，なんとか社会人になってから，36 歳でまったく音のない世界を知る．そして最後に「サイボーグ」となって，聴者の聞いている「音」とはかなり違うが，新たな自分なりの「音」のある世界に生きるようになる．彼は，自分は人間性を失ったわけではないという．現実世界についての自分の知覚は，人間が作成し，ときどきアップグレードされるソフトウエアによってもたらされるのであり，あくまでも仮のものでしかないとつねに意識するようになったがゆえに，むしろ前よりも人間らしくなったというのである．そしてことばを理解する訓練をしながら，人の心を理解しようとするやさしさによって，ことばを理解する能力が高まることにも気づく．かくして彼は人々や地域との結びつきをもっと深めようと努力することが，一人の人間として取り組むべき仕事だと悟るのである．そんな彼が人間らしいコミュニティーを求めたときに憧れるのが，ろうコミュニティーであることは興味深い．

　彼は長年，自分のコミュニティーを探し，あるいはパートナーを探し

て，ネット上をさまよい歩いたという．このことは必ずしも彼が難聴であったり，人工内耳の装用者であるからではない．多くのアメリカ人がネット上のコミュニティーに属して，理想の仲間やパートナーを探している．そのような現代のアメリカ社会の不自然さに気づくとき，彼は手話コミュニティーに人間らしい温もりを見出すのである．自分ももしかしたら，手話を教える寄宿学校に入れられていたかもしれない．そうすれば，第一言語はアメリカ手話になっていたかもしれない．そして今より幸福な人生を送っていたかもしれない，と彼は思うのである．アメリカでは手話コミュニティーの親密さと結束の強さは有名である．彼にとっての手話コミュニティーは以下のようなものである．

　アメリカ手話では，話者同士が目と目を合わせることが求められる．別の部屋にいる人と大声で話をするとか，ベッドで背中合わせに気のない会話を交わすといったことはありえない．アメリカ手話を使うということは，常に相手と完全に密着するということなのだ．[…] どこかのコミュニティーに自分の居場所を見つけることを心から願っていたぼくにとって，人々が団結し，助け合う手話コミュニティはとても魅力的だった．ひと言で言えば，手話コミュニティには，現代社会が失った「温もり」がある．アメリカ人は裕福だが，孤独だ．手話コミュニティの温もりは，そのまま現代アメリカ文明への警鐘となり，より人間らしい文明への夢をかきたる．　　　　　　（『サイボーグとして生きる』186-194 頁）

　しかし皮肉なことに，ろうコミュニティーの中にも人工内耳が進出しつつある．1991 年にアメリカろう連盟（NAD）は，人工内耳を「文化的大虐殺」と非難したが，2000 年からは，ろう児を持つ親にとって人工内耳は一つの選択肢であると認める立場をとっている．

　そして 2002 年，『音のない世界で』のヘザーは 9 歳で人工内耳の手術を受けた．そして 2006 年に新たなドキュメント作品，*Sound and Fury——Six Years Later* が製作された．ヘザーの母も人工内耳の手術を受けた．ヘザーの父は自分自身は人工内耳などつけないと言いながら，娘が英語を話すようになり，聴者の友人をも持つようになったことを喜んでいる．ヘザーの

ようにろう文化を身につけてから，人工内耳を埋め込み，バイリンガルになることができる，つまりろう者になってから人工内耳を装用しても遅くないということを示す成功例が人工内耳をより普及させている．つまり，ろう文化が維持されるという保証のうえで，聴者というマジョリティーが作った社会の中で便利に生きる道を選ぶろう者が増えてきているのである．アメリカでは経済的な理由から，アフリカ系やヒスパニック系の家庭のろう児の人工内耳装用率が低い．つまり，ろうコミュニティーの中の人種の比率が変わってきているということである．このことがアメリカのろう文化やアメリカ手話を少し変えていく可能性もある．しかし，いずれ簡単に人工内耳の手術が受けられるようになったら（あるいは細胞移植による内耳再生が可能になったら），人種に限らず，いやアメリカに限らず世界中の手話者が皆聞こえる人であるという時代が来るかもしれない．そうなったときに本当に手話は存続するであろうか．手話が他の少数言語と違って，禁止されても存続し続けたことの理由は，マジョリティーの音声言語が自然に耳に入るということがろう者にはないことと，ろう者が視覚中心の特別な認知を共用しているというところにあるのはすでに述べたとおりである．

　テクノロジーによって聞こえない人に不利益のない社会が完成する前に，聞こえない人を無くすテクノロジーが完成するならば，ろう者が手話とろう文化を守りながら，聞こえる人間に変わる道を選択することは当然考えられることであり，それは彼ら自身が決定すべきことである．しかし，もしも手話者のほとんど，あるいはすべてが聞こえる人になったならば，手話は今ある手話とまったく同じではあり得ない．手話は新たな危機に直面している．

　多くの少数言語は，交通機関やメディアなどのテクノロジーの発達とともに多数言語に飲み込まれてきたと言える．手話もまた人工内耳という手話者自身を生理的に変えてしまうテクノロジーによって存亡の危機にさらされている．ある少数言語・文化が多数言語・文化に飲み込まれていくとき，人類は一つの生き方の可能性を失うのであり，すなわちそれは人類の文明にとって損失である．コロストが言うように，視覚言語である手話の特別な性質が人間らしい文明を作るとすれば，その損失はさらに大きい．

この章では，手話の運命がろう教育と密接なつながりを持ってきたことを述べ，ろう教育の発祥から手話が教育機関で禁止されてきた時代へと歴史を追い，そして20世紀に北欧・北米を中心に手話が言語として認知され，さらには手話をろう者の第一言語とする権利が確立されるようになった歴史をたどった．現在，欧米の多くの国で手話を第一言語，音声言語の読み書きを第二言語とするバイリンガル・バイカルチュラル教育が行われている．日本でも法的には手話を教育言語とすることはいまだ認められていないが，民間レベルや，ろう学校の現場では手話教育への興味が高まっている．また東京では，バイリンガル・バイカルチュラル教育を行ってきたフリースクールが構造改革特区として学校法人化される．日本でも，手話はようやく「少数言語」として位置づけられ始めている．一方で，先進国では新たなテクノロジー，人工内耳が手話の存続を脅かしており，今後ますます手話の行方から目が離せない．

[参考文献]
Bellugi, U. & S. Fischer, 1970, "A Comparison of Sign Language and Spoken Language", *Cognition*, 1, pp. 173-200.
Kymlicka, W. & A. Patten (eds.), 2003, *Language Rights and Political Theory*, Oxford University Press.
Lane, H., 1999, *Mask of Benevolence*, Dawn Sign Press.
Parkhurst, S. & D. Parkhurst, 2004, *La Historia de Fray Pedro Ponce de Leon*, Centro de Investigacion de Lenguas en Desarrollo.
VanCleve, J. V. (ed.), 1987, *Gallaudet Encyclopedia of Deaf People and Deafness*, McGraw-Hill, Inc.
市田泰弘，2003，「ろう者のバイリンガリズム」『月刊　言語』Vol. 32, No. 8, 22-33頁．
エリクソン，ペール，2003，『聾の人々の歴史』中野善達，松藤みどり訳　明石書店．
小嶋勇(監修)，2004，『ろう教育と言語権』明石書店．
金澤貴之(編著)，2001，『聾教育の脱構築』明石書店．
コロスト，マイケル，2006，『サイボーグとして生きる』ソフトバンククリエイティブ．
斉藤くるみ，2003，『視覚言語の世界』(改訂増補，2005)，彩流社．
全国ろう児をもつ親の会(編)，2003，『ぼくたちの言葉を奪わないで！──ろう児の人権宣言』明石書店．
武居渡，2003，「ろう児の第二言語習得」『月刊　言語』Vol. 32, No. 8, 49-57頁．

鳥越隆士，グニラ・クリスターセン，2003，『手話コミュニケーション双書4 バイリンガルろう教育の実践――スウェーデンからの報告』全日本ろうあ連盟出版局．
中野善達，赤津政之，2005，『世界最初のろう学校創設者ド・レペ――手話による教育をめざして』明石書店．
ベザギュードュリュイ，マリーズ，1946，『ド・レペの生涯』伊藤政雄監修，赤津政之訳，近代出版．

（講演）
米内山明宏，2005，「理想のろう教育」龍の子学園親の会主催，於世田谷福祉専門学校（2005年3月26日）

（ビデオ・DVD）
Cochlear Implants, 2000, Bravin, Phil, Dawn Pictures
Sound and Fury, 1999, Aronson Film Associates & Public Policy Productions
Sound and Fury—Six Years Later, 2006, Aronson Film Associates.

（インターネット）
D-PRO「乳幼児への人工内耳埋め込みを問う――擬似ディベート2001年1月13日（土）」(2004), http://www.d-pro.net/dpro_site/jinkounaiji/jinkounaiji1.html
全国ろう児をもつ親の会「ろう児の人権」(2005), http://www.hat.hi.-ho.ne.jp/at-home/human_rithts4.html

おわりに

　手話はろう文化の中核である．手話は20世紀後半に言語であることが証明されただけでなく，さまざまな分野の学問研究を飛躍的に発展させ，さらに視覚言語の芸術への昇華を見せてくれている．ろう者のアイデンティティーは聞こえないということそれ自体にもある．視覚中心の生活，そして文化．手話はその象徴でもある．

　本書を読み進めて来られた読者は，手話が言語であることを実感されたと期待する．また少数言語とは何かも理解していただけたであろう．手話について大学で講義をするとき，冒頭に何でもよいから手話についての疑問があれば書くようにと言うと，学生から「ろう者にとって手話と言語はどちらが便利か」「手話は誰がいつ作ったのか」「手話を持つ言語はどのぐらいあるのか」「手話を使っていて一番大変なことは何か」「新しいことばができたとき手話はどうするのか」「手話を覚えるなら英語の手話と日本語の手話とどちらが便利か」「手話で表せないことばはどうするのか」というような質問が出る．読者はこれら初心者の質問をとても滑稽だと思われることだろう．これらの質問には，彼らが疑問に思っている内容以前に，「手話を持つ言語」とか，「英語の手話」「日本語の手話」というような無意識の言い回しに，手話を音声言語と同等のものと思っていないこと，手話は二次的なものと思っていることが如実に表れている．音声なしに言語が成立するはずはないという固い思い込みが現れている．さらに手話を使って生きることは不便だろうという思い込みもある．聞こえる人中心の社会で，確かに不便を感じているであろうろう者のイメージがそれをいっそう強くする．

　一方，学生は手話について少しずつ学ぶ過程で，ろう者が手話を禁止されてきたことや，ろう学校の授業ではふつう手話は使わないことを知ると，驚き，怒りさえするのだが，それでも「手話は複雑で覚えにくい．もっと簡単にすれば多くの人が理解できて聴覚障害者の役に立てるのでは

ないか」とか「日本語対応手話のほうが日本語を覚えるのに有利なのだし，やはり口話ができたほうがろう者のためになるのではないか」という質問をする者もいる．このような質問には，ろう者に理解のある人たちが，善意から手話を否定したり，ろう者を傷つけてきた過去の歴史の根源，すなわちマジョリティーの傲慢が現れている．マジョリティーがマイノリティーを傷つけることはとても簡単である．そして傷つけられたほうには大問題であっても傷つけたほうにはさほど自覚がない．

　外国人に，日本語は複雑だ，もっと簡単にすれば国際的に理解されるのではないかと言われたら，日本語をもっと簡単にできるだろうか．簡単にしたいだろうか．答えは明白であろう．英語を覚えるのに有利であるから日本語を英語と同じ語順にし，英語独特の文法事項を取り入れた日本語を作り，そちらを使うようにしろと言われたら，そのようにするだろうか．その答えも明白であろう．

　第4章でも紹介したアメリカ手話文学の研究者であり手話言語学者でもあるベン・バーハンは「ある鷲の子の物語」という物語を語る（ビデオ『ろうものがたり』2002, Kei オフィス．市田泰弘の日本語による全訳が『現代思想』臨時増刊号総特集「ろう文化」1996 に掲載されている）．物語のあらすじは以下のようなものである．

　鷲の赤ちゃんが生まれるのだが，4羽のうち1羽だけくちばしがまっすぐで普通の鷲ではない．両親はその子を治すことができるという教会に行ったり，祈祷師にもらったあやしげな薬を飲ませたりするのだが，治らない．結局，多額の費用を払って手術をするか，鷲らしくなるよう訓練する特殊学校に入れるしかないということがわかり，両親はその子を特殊学校に入れる．特殊学校の校長室にはグレアム・ベルからの賞賛状が壁に飾ってある．その学校では，くちばしを下にむかってなでて鷲のくちばしの形にしようとする訓練や鷲らしく羽を大きくのばす訓練をするのである．そして高校生になると，進路指導が始まり，歌手になりたいとか，木の実を集める仕事をしたいという生徒たちに先生はそのような下等な鳥のまねはやめろと怒り，ハンターになる訓練をする．卒業したその子はやはり普通の鷲のように獲物を獲ったりはできなかった．

　ある日，その子は両親から行ってはいけないといわれている禁断の谷間

に入ってしまい，歌を歌う小さな鳥たちと出会う．最初は自分は鷲なのだからこんな鳥と同じことはできないと思うのだが，歌ってみると気持ちがよくて開放感を感じてしまう．鳥たちと同じように木の実を食べてみるととてもおいしい．ところが，鷲の子は家につれもどされ，歌などという卑しいものを歌ってはならない，木の実をとるなどと情けないことをしてはいけないと叱られ，部屋に閉じ込められる．そしてついにくちばしが曲がる手術を受けさせられる．しかし狩りをして獲物を持ち上げる力もないし，肉も食べたくない．その上，親戚の子はそのくちばしをみてオウムみたいだと笑う．鷲の子はまた谷間に行きたくなって，こっそり出かけて行く．なつかしい仲間たちは曲がったくちばしをみてびっくりする．いったいどうしたのかと聞かれ，鷲の子は窓にぶつかって曲がってしまったと嘘をつく．ところが仲間に入ろうとしてもくちばしが曲がってしまっているため綺麗な声がでなくて，木の実もうまくついばむことができず，仲間には入れない．結局，鷲の子は飛び立ち，夕闇に吸い込まれていく．

　この物語は言うまでもなく聴者の中にひとり生まれた聞こえない子どもの話である．ろう者たちを歌を歌う鳥としているのはSIGN（手話）とSING（歌）をかけているのだとベン・バーハンは言う．アメリカ手話の文学には，このように英語がとけこんでいる．当然ながらアメリカ手話はいつも英語にさらされているからだ．第4章で紹介したように，指文字を使った物語も同様である．多くの言語に国際語と呼ばれる地球規模の多数言語である英語の単語がどんどん入っていくのと同じである．日本語も今や英語からの借用語なしには成り立たない．多数言語と少数言語が接するとき，少数言語が多数言語の影響を受けることのほうが圧倒的に多い．少数言語を尊重しようということになっても，マジョリティーが少数言語を学ぶことは滅多にない．そしてたまたま両者の間にピジンができたら，少数言語よりはピジンのほうが便利だろうと単純に考える．

　もちろんこのピジンというものを母語として育つ人もいるし，ピジンを中心とした文化が生まれることもあり，それを蔑視することもまた人権侵害である．日本には日本語対応手話や中間手話を話す人たちが多く，彼らには彼らのコミュニティーができても不思議ではない．そのような言語や文化にアイデンティティーを感じる人たちには，そのことに誇りを持つ自

由がなければならない.

　一方，伝統的な手話を話す人たちが，そのような人たちに違和感を覚えることは，良し悪しは別として当然と言えば当然である．私たち日本人が明らかに外国人が話しているとわかる日本語を聞けば違和感があるし，慣れない人は不愉快に思うかも知れない．筆者の学生時代，母校のキャンパス内には日本語と英語が同じセンテンスの中でも混じってしまうような学生たちがいた．すぐに慣れてしまったが，はじめは違和感があったような気がする．自分の母語が乱されると人は不安になったり，傷ついたりする．手話者も同じである．まして手話者には音声言語に同化させられてきた歴史がある．つまり日本語話者にたとえれば，英語を母語とする人のなまりのある日本語や，英語が半分混じった日本語のほうが正しい日本語であると言われたり，レベルの高い言語であると言われたり，あるいは英語を習得するのに便利だからこちらを使ったほうが得だと言われたりするのと同じである．不愉快でないわけがないのである.

　家族の中で自分だけくちばしがまっすぐな鷲の子，すなわち聴者の中でひとりだけ聞こえない身に生まれる子どもはたくさんいる．その中には，鷲らしく育てられ，鷲らしく生きようとする人たちもいる．その鷲が歌を歌い木の実を食べるほうがよいと気づいたときに，その鳥たちから排斥されることは悲しいことである．しかし，歌う鳥を軽蔑したり無視して，歌う鳥に鷲のように生きることを強いてきた鷲たちに，鷲の子を受け入れない鳥たちを責める資格はない．つまり，手話と手話者の文化を認めない聴者に，生まれながらに手話を母語としてきたろう者たちが，日本語なまりのある手話やピジンを話す手話者を蔑視したり排斥したりすることを，戒める資格はない.

　日本語であれ，手話であれ，ピジンであれ，ピジンから生まれた文化であれ，人の言語・文化は尊重されなければならない．手話を，そしてろう文化を知ることは，聴者というマジョリティーにそのようなことを教えてくれる．そして手話を，国際社会における日本語に置き換えてみたときに，マジョリティーとマイノリティーの関係を実感することができる．そして「どの言語もどの文化も優劣はなく，平等に尊重されるべきなのだ」と言うことは易しいけれども，他言語・他文化を自分の言語・文化と同等

に尊重することは実はとても難しいということにあらためて気づくことができる．

　手話とろう文化は，音声言語を持つマジョリティーから言語的・文化的同化を強いられて来た．ろう者にとって手話とろう文化存続のための戦いは，他の少数言語やマイノリティー文化存続の戦いよりさらに厳しい面がある．それはろう者の大多数は家族・親戚の中でさえマイノリティーであるからであり，また聞こえる人がマジョリティーである社会において，ろう者は機能的に「不完全」な人間とみなされ，したがって手話も不完全な言語と誤解されるからである．しかもその「不完全」な人を「完全」な人にするために科学技術を使おうとする人たちもいる．補聴器や人工内耳はろう者の存在を脅かしてきた．一方で手話者は他の少数言語者と違って，世界中のどこにも必ず存在するという強みがある．また聞こえないということが，言語を守るために有利である面もある．なぜならば，聞こえない人を音声言語や音を重視する文化に完全に同化させることは不可能だからである．そして他の音声言語が耳に入ってしまうことで影響されることも，他の少数言語よりは少ない．

　手話を言語と認めさせる過程で，さまざまな学問研究は一役を担ってきたが，それ以上に手話は学問研究に貢献してきた．手話を研究することで，私たちは言語の本質を知り，子どもの言語習得の本質を知り，脳を知り，言語を生み出す人間の能力を知ることができた．さらに言語と認知と文化の関係を知ることができた．人間は認知構造に適した言語を生み出し，その言語を人間が使うことで必然的な知性の構造や文化が生まれる．そして認知構造に適した生活習慣を持ち，文化を築く．そのことにも手話研究から気づくことができた．手話は聴者の視覚芸術に結びつき，そのことは聴者の中での手話の価値を高めた．また音楽や音声言語の芸術が手話という視覚記号に変換されることもあり，視覚の歌や視覚の詩が生まれた．このことはろう者文化と聴者文化の橋渡しにもなっている．そして何より手話を知ることでマジョリティーの言語・文化とマイノリティーの言語・文化との関係を考えることができた．

　手話研究は今後もさまざまな分野で新たな真実を明らかにしてくれるであろう．手話の本質が明らかになって，手話自体の地位はあがりつつある

し，聴者はろう者を尊重するようになりつつある．二つの文化はお互いに尊重し合いながら，ときに融合し，新たな芸術の発展に貢献するであろう．そして少数言語の存在や価値に気づかないことが人類の文明の損失であることを証明してくれるであろう．

　本書は，東京大学大学院人文社会系研究科言語動態学研究室の松村一登先生に同研究科で「少数言語としての手話」という通年の講義を担当させていただいたことがきっかけとなり，また執筆のご推薦もいただき，出版することになった．この場を借りて松村先生に心からお礼を申し上げたい．また講義を受講してくれて，毎週刺激を与えてくれた学生たちにも感謝している．この講義以外にも手話関係の講義を開講してきた日本社会事業大学，東京女子大学，早稲田大学の学生たちが研究に多くの示唆を与えてくれた．すべての学生たちに感謝したい．
　全文に目を通して助言をくださった森壮也先生にも厚く御礼を申し上げたい．そもそも私が手話研究を始めたのは，魅力あるろう者であり，経済学者であり手話言語学者である森先生との出会いがあってこそだった．また芸術作品・写真の掲載を快諾してくださった皆さんにも心から感謝申し上げたい．
　執筆中予想外の仕事が増えて，完成が当初の予定より一年以上遅れてしまったにもかかわらず，忍耐強くご助力くださった東京大学出版会の小暮明さんにお礼を申し上げたい．
　そして最後にこの多忙な時期をささえてくれた家族（豊，みか，純）と友人の愛と友情に心から感謝の意を表したい．

　　　2007 年 5 月

斉藤くるみ

図版出典一覧

図 1-2　H. Poizner, E. S. Klima & U. Bellugi, 1987, *What the Hands Reveal about the Brain*, MIT Press, p. 63, 81, 91 をもとに作成

図 1-3　Baker-Shenk, C. & D. Cokely, 1980, *American Sign Language,* Clerc Book, Gallaudet Univ. Press, p. 258, 259 をもとに作成

図 1-4　同書，p. 42 をもとに作成

図 1-5　H. Poizner, E. S. Klima & U. Bellugi, 1987, *What the Hands Reveal about the Brain*, MIT Press, p. 52.

図 1-6　同書，p. 84.

図 1-7　同書，p. 100 をもとに作成

図 1-8　同書，p. 100.

図 1-9　同書，p. 124.

図 1-10　同書，p. 210.

図 1-11　U. Bellugi, Q. Tzeng, E. S. Klima, & A. Fok, 1989, "Dyslexia: Perspectives from Sign and Script", in A. Galaburda (ed.), *From Reading to Neurons*, the MIT Press, p. 63.

図 1-12　L. A. Pettito & P. F. Marentette, 1991, "Babbling in the Manual Mode: Evidence for the Ontogeny of Language", *Science*, p. 1494 をもとに作成

図 1-15　斉藤くるみ，2003，『視覚言語の世界』(改訂増補, 2005)，彩流社，27-28 頁．

図 1-16　S. Katseff, 2004, "From Symbol to System: The Development of Number Signs in Nicaraguan Sign Language", TISLR, 8 (国際手話学会第 8 回大会，バルセロナ) をもとに作成

図 2-1　長南浩人，2005，『手話の心理学入門』東峰書房，3 頁．

図 2-2　斉藤くるみ，2003，『視覚言語の世界』(改訂増補)，彩流社，35 頁．

図 2-3　同書，35 頁．

図 2-4　同書，36 頁．

図 3-3　大阪聴力障害者協会，大阪手話通訳問題研究会，大阪手話サークル連絡会，2001，『これが大阪の手話でっせ』大阪聴力障害者協会，大阪手話通訳問題研究会，大阪手話サークル連絡会，130, 132 頁をもとに作成

図 3-6　C. Baker-Shenk & D. Cokely, 1980, *American Sign Language*, Clerc Book, Clerc Books, p. 85.

図 3-7　R. Sutton Spence & B. Woll 1998, *The Linguistics of British Sign Language*, Cambridge University Press, p. 26.

図 3-8　C. Baker-Shenk & D. Cokely, 1980, *American Sign Language*, Clerc Book, Clerc Books, p. 91.

図 3-9　同書，p. 94.

図 3-10　同書，p. 94.

図 3-11　C. Lucas, R. Bayley & C. Valli, 2003, *What's Your Sign for Pizza?*, Gallaudet University Press, p. 162.

図 3-12　M. S. Kleinfeld & N. Warner, 1996, "Gay, Lesbian, and Bisexual Signs", in C. Lucas (ed.), *Multicultural Aspects of Sociolinguistics in Deaf Communities*, p. 16. をもとに作成

図 3-13　Collins, S. & K. Petronio, 1998, "What Happen in Tactile ASL", in C. Lucas (ed.), *Pinky Extension & Eye Gaze*, Gallaudet University Press, p. 32.

図 3-14　Mesch, J. , 2001, *Tactile Sign Language*, Signum, p. 108 をもとに作成

図 4-2　ビデオ『ろうのくに』2003, 聾市場からの図版

図 4-3　ビデオ『ろうものがたり』2002, Kei オフィスからの図版

図 4-7　R. Sutton-Spence, 2005, *Analysing Sign Language Poetry*, Palgrave Macmillan, p. 29.

図 4-8　同書, p. 165.

図 4-9　R. Miller, "Deaf Picnis", 1977. Carol Padden & Tom Humphries 所蔵. D. M. Sonnenstrahl, 2002, *Deaf Artists in America*, Colonial to Contemporary, Dawn Sign Press, p. 302 からの図版

図 4-10　B. Miller, "Growing with ASL", 1992. Paul L. Johnston 所蔵. 同書, p. 309 からの図版

図 4-11　S. Dupor, "Deaf American", 1989. Collection of the Susan Schatz. 同書, p. 317 からの図版

図 4-12　乗富秀人「誇り」2005. 乗富秀人所蔵

図 4-13　乗富秀人「安らぎ」2005. 乗富秀人所蔵

図 4-14　砂田アトム「千手聾観音」2003. 砂田アトム所蔵

図 4-17　DVD『与夢同行』2005, 中国国際電視総公司からの図版

図 4-18　Tyrone Giordano and company in the Round about Theatre / Melissa van der Schyff & Alexandria Wailes in the Deaf West Theatre. Deaf West Theatre production of *Big River, The Adventures of Huckleberry Finn*.

図 5-1　Stevey Dianne Parkhurst, 2004, *La Historia de Fray Pedro de Leon*, Centro de Investigacion de Lenguas en Desarrollo, p. 1.

図 5-2　ペール・エリクソン, 2003, 『聾の人々の歴史』中野善達, 松藤みどり訳　明石書店, 58 頁からの図版

図 5-3　VanCleve, J. V. (ed.), 1987, *Gallaudet Encyclopedia of Deaf People and Deafness*, McGraw-Hill, Inc, p. 123 をもとに作成

図 5-5　オランダ, フローニンゲンのギョ聾学校所蔵. ペール・エリクソン, 2003, 『聾の人々の歴史』中野善達, 松藤みどり訳, 明石書店, 79 頁からの図版

図 5-6　同書, 81 頁からの図版

図 5-7　VanCleve, J. V. (ed.), 1987, *Gallaudet Encyclopedia of Deaf People and Deafness*, McGraw-Hill, Inc, p. 124 をもとに作成

図 5-8　鳥越隆士, グニラ・クリスターセン, 2003, 『手話コミュニケーション双書 4　バイリンガルろう教育の実践——スウェーデンからの報告』全日本ろうあ連盟出版局, 125, 127 頁からの図版

索　引

ア　行

あいうえお物語　126
『アダムスブック』　185
アベ・ド・レペ　172
アメリカろう者劇団(NTD)　129
育児語 (motherese または child-directed talk)　25
エドワード・ギャローデット　66
音韻規則　75
音素　8

カ　行

ギャローデット大学　66, 86, 174
キュード・スピーチ (cued speech)　64
クーイング　22
屈折　4
グランヴィル・レドモンド　139
クレオール　33, 62
グレアム・ベル　174
口話(法)　32-33
口話主義教育　54, 174-177
国際手話　101-108
小指立て (Pinky Extension)　97

サ　行

視覚音楽　146
視覚認知能力　14
視線　31-32
借用語　73
シムコム (simultaneous communication, Sim-Com)　178
手指英語　60
手指記号　16
手指日本語　60
手話

――狂言　131-134
――詩　134-138
――失語　2-11
同性愛者の――　98-100
――の言葉遊び (creative sign play)　123
――の人種・民族・宗教差　95-96
――の性差　94-95
――のフォーク・アート(民衆芸術)　119-120
――の文脈・状況によるバリエーション　96-98
――の方言(地域差)　89-92
――の年齢差　92-94
――の流行語　100
――俳句　138-139
触手話
　アメリカの――　108-110
　スウェーデンの――　110-111
人工内耳　187-189
スウェーデン・モデル　185
数字物語　123
世界ろう連盟 (World Federation of the Deaf, WFD)　45
全国ろう児を持つ親の会　57

タ　行

代替手話 (alternative sign language)　63-64
脱クレオール　62
龍の子学園　58, 183
中間手話　62, 179
中途失聴者　63
デフ・アート　141-146
デフ・ウェイ　143
デフ・ウェイⅡ　130

デフ・ウエスト・シアター (DWT) 156
デフ・ジョーク　120-122
デフ・ストーリー　123-126
ドイツ法　169
トータル・コミュニケーション (TC) 178
トーマス・ギャローデット　66

ナ行

喃語　22
二語文期　22
日本語対応手話　14, 17, 60, 65, 67-68, 179
日本手話　65, 67-68
『日本聴力障害新聞』　75
日本ろう者劇団　129

ハ行

バイリンガル・バイカルチュラル教育 183-186
パラタナティアム　149
非手指記号　16
ピジン　33, 62
『ビッグ・リバー』　154-157
ファン・フェルナンデス・ナバレテ 142
フォリナー・トーク (foreigner talk) 71
普遍文法　21, 33
フランス法　173
フローズン・サイン　122-123
ペドロ・ポンセ・デ・レオン　165
ホームサイン　33

マ行

マニュアル・イングリッシュ　60, 178
ミュージカル　154-158
無標の手型 (unmarked handshapes) 26
モーダリティー　13, 147

ヤ行

有標の手型 (marked handshapes)　26
指差し　27-30
指文字　74
　アメリカ式——　169
　イギリス式——　170

ラ行

ラベンダー言語学会　85
ラーナーズ・グラマー (learner's grammar)　71
リンダ・ボーブ　155
類辞 (classifer)　9
ろう児の人権救済の申し立て　57, 182
ローラン・クレール　66, 174

アルファベット

ABCストーリー　123
CODA (Children of Deaf Adults)　12
De' VIA (Deaf View Image Art)　143
NPOバイリンガル・バイカルチュラルろう教育センター　58, 183
PSE (Pidgin Sign English)　66, 71, 178
SEE (Sign Exact English)　60, 178

著者略歴

1982 年　国際基督教大学教養学部語学科卒業
1984 年　同大学大学院教育学研究科修士課程修了
1988-89 年　英国ケンブリッジ大学アングロサクソン・
　　　　　　ノース＆ケルティック学部に留学
1990 年　博士号取得(国際基督教大学大学院)
1993-94 年　英国ケンブリッジ大学に再度留学
その後，日本社会事業大学，早稲田大学，東京大学大学
　　院，東京女子大学大学院等で教鞭をとる．
現在，日本社会事業大学社会福祉学部教授．

主要著書
『視覚言語の世界』(2003 年，改訂増補 2005 年，彩流社)

少数言語としての手話

2007 年 6 月 21 日　初　版

[検印廃止]

著　者　斉藤くるみ
　　　　(さいとう)

発行所　財団法人　東京大学出版会
　　　代 表 者　岡本和夫
　　　113-8654 東京都文京区本郷 7-3-1 東大構内
　　　http://www.utp.or.jp/
　　　電話 03-3811-8814　Fax 03-3812-6958
　　　振替 00160-6-59964

印刷所　研究社印刷株式会社
製本所　矢嶋製本株式会社

©2007 Kurumi Saito
ISBN 978-4-13-083047-8　Printed in Japan

Ⓡ〈日本複写権センター委託出版物〉
本書の全部または一部を無断で複写複製(コピー)することは，著作権法上での例外を除き，禁じられています．本書からの複写を希望される場合は，日本複写権センター(03-3401-2382)にご連絡ください．

本書はデジタル印刷機を採用しており、品質の経年変化についての充分なデータはありません。そのため高湿下で強い圧力を加えた場合など、色材の癒着・剥落・磨耗等の品質変化の可能性もあります。

少数言語としての手話

2024年1月15日　　発行　　⑥

著　者　　斉藤くるみ
発行所　　一般財団法人　東京大学出版会
　　　　　代表者　吉見俊哉
　　　　　〒153-0041
　　　　　東京都目黒区駒場4-5-29
　　　　　TEL03-6407-1069　FAX03-6407-1991
　　　　　URL　https://www.utp.or.jp/
印刷・製本　大日本印刷株式会社
　　　　　URL　http://www.dnp.co.jp/

ISBN978-4-13-009113-8
Printed in Japan
本書の無断複製複写（コピー）は、特定の場合を除き、
著作者・出版社の権利侵害になります。